人格を育てるための健康相談
——事例を通して——

part2

考える編

野口法子〔編著〕

石田彩絵
井上麻衣
江熊萌子
加藤直子
久保加代子
原彩加
森園玲
森本知喜
山本訓子

翔雲社

はじめに

　『人格を育てるための健康相談 ― 事例を通して ―　中学校編』翔雲社　2017 年（以下これを part 1 とする）に続き、著者の教育プログラムを受講した卒業生たちの事例、関西福祉科学大学 健康科学科と関西女子短期大学 養護保健学科の養護学教員の事例を織り込みそこから見える子どもの理解と支援の実際を学びつつ、この本を手にした学生たちそれぞれが新しい何かを発見していくための「人格を育てるための健康相談 ― 事例を通して ―考える編」（part 2）を発刊することができました。

　中学校編では、(1) 子どもたちの様子は年代や社会情勢により変化すること、(2) 子どもが主人公の教育を目指すこと、(3) そのために養護教諭は「自分の教育観」を持つこと、(4) SOAP での思考過程こそが養護教諭の専門性につながることを述べてきました。

　今回発刊できた part 2 では、大学時代にこれらを修得するためのプログラムを受講した卒業生が、今、現役の養護教諭として子どもたちをどのように支援しているのかを、実際の事例を通して学ぶことができます。

　現在では、いじめ、不登校、子どもの貧困、ヤングケアラー、DV、LGBTQ、デジタル化、気候変動、電磁波、化学物質等々、子どもたちの抱える問題は実に多様化しています。このような中で、事例を追体験しながら、ひとり一人の子どもたちの実態や変化をいち早く把握し理解したうえで、子どもを主人公にした支援や教育をどのように実施していけばよいのかを、各自が考え出すことを目的としています。

　事例での支援や対応は、それがベストではないと考えられるものも含まれています。それは、今後、養護教諭を目指す皆さんが、自分ならばどうするのかを考えるためにはとても良い材料となります。こんな時、どうすればよいのかというスキルを学ぶのではなく、何かを発見して、自分ならどうするのかを考えることが、子どもたちを主人公にした教育を実施できる基盤となります。それぞれの事例を深く読んで、深く何度も考えてみてください。

　1 つずつの事例は、まず、物語風の記述があり、その次に、ある場面の一部分を切り取った SOAP の記録、という形になっており、事例によっては、次にサマリーがあるものもあります。健康相談を「子どもたちを主人公にした教育」にするためには、まず子どもたちを十分に観察し理解する必要があります。子どもの情報を豊富に収集すれば、その情報から

考えられること（アセスメント）は概ね誤ることなくなされる確率が高くなります。これは毎日の連続した記録をすることで可能となります。日々の記録からのアセスメントと2～3日分、1週間分、1か月分のまとまったアセスメントにより支援の方法、対応が決定していきます。

　まず第1章では、2017年part1の事例を通して、「子どもたちを主人公にした教育」とSOAPを分かりやすく説明します。そして第2章では、現在の現役養護教諭の事例から各自が考え出すことにより学びを得ます。第3章では、自分の思いや考えをまだまだ十分に言語化する段階にない幼児に対して「子どもたちを主人公にした教育」を学ぶことができる構成になっています。どうぞ、事例の中にのめり込みながら学修し、多くの発見をして頂くことを期待いたします。

　　2024年7月　　　　　　　　　　　　　　　　　　　　野口　法子

も く じ

第1章　子どもたちを主人公にした教育とSOAP　―事例を通して理解しよう!―

1）こんな時どうする？

事例1　中学3年生のY君（前半部分）

　中学3年生の11月頃になると進学や就職のための写真撮影が始まる。その前日、担任の先生はホームルームでクラスの生徒たちに、撮影に向けて注意する。「明日は進路のための証明写真の撮影がある。以前からなんども注意しているように、髪型、服装には十分気をつけるように。丈の短いブレザーや、すその絞ったズボンなど変形の通学服は絶対にダメだ。カッターシャツはボタンを上まで留めること。下に色のついたTシャツを着て来ないように。髪の色は元通りに黒く戻すこと。髪の長い女子は、黒いゴムでくくるように。男子で伸びている者は、散髪するように。自分の将来が懸かっているので、きちんとしてくるように」というように。

　そして、翌朝、9時から撮影が始まった。

　9時20分、ガラガラッ‼　保健室の扉が轟音とともに乱暴に開く。

　「腹たつ！　絶対に撮るか」と大声でどなるY君。

　「先生、見てくれや！　これのどこがあかんねん」

　髪を切り、オールバックにして正面からは、一見きちんとしているように見える。

　「あれー、キレイに散髪したんやね。よく似合っているよ。服装もいつもの短ランじゃなくて、標準服やん」

　「そやろ。それやのに、担任と写真屋のおっさんは、これでは証明写真撮れへんて言いよるんや」

　「えっ、なんでやろ」と私は言いながら、彼をよく観察してみると、後ろ髪を色ゴムでくくっている。後ろ髪を透かし、その裾を少し長く残しておく流行の髪型で、彼は、その長く残された部分をゴムでくくっていたのだった。

「ああ、これか。原因は」という私に、彼は、

「先生、証明写真は、どこから撮る？　正面から撮るやろ。だから、オレはくくってる
のに、それのどこがあかんねん。くくらんかったら、後ろの長いのが見えるやろ」と、彼
は彼なりに証明写真を撮るための工夫をし、彼なりの理由があった。"これはきちんと撮ら
なければいけない"と思っていたから工夫したのである。

Q1　このような生徒が保健室にやって来た場合、あなたならどうしますか？

①「みんなちゃんとできているのに、何であんたはできないの！　今、授業中や。
　　戻り！」（規則に当てはめる）

②「ドアは静かに開けなさい！」
　　　　　　　（子どもの視点とはまったく異なるところでの対応）

③「よく直してきたね」「でもね……」
　　　　　　　（まず、ほめる。その後、何とか説得する）

④「ほんまや、ようがんばったな。一緒に行って先生が話つけたろ」
　　　　　　　（子どもに同調する）

⑤ その他

　このQ1を学生（養護教諭養成課程の2年生）に実施すると、圧倒的に③「よく直して
きたね」「でもね……」（まず、ほめる。その後、何とか説得する）と回答する人が多く、
100人中80人、約80%となる。

　では、それがベストであるのかどうかを考えていきましょう。その前に、まず、1988（昭
和63）年の田中昌人先生（当時、京都大学教育学部教授）の講演を参考にして考えてみま
しょう。

　ある保育園での出来事です。1歳半の子どもが熱を出してお医者さんに連れて行かなくてはならなくなりました（現在ならば、保護者にお迎えに来てもらって保護者が連れて行くところですが諸事情があったのでしょう）。雪が降る、とても寒い季節です。

　お医者さんに連れて行くのですから、きちんとした身だしなみをさせないと、保育園の評判が落ちてしまいます。そのため、保育士さんたちは非常に気を使い、靴下を履かせて服を着せ、コートを着せ帽子もかぶせます。ところが1歳半ぐらいの子どもにとっては、靴下や帽子やコートは一番いやなものです。着せていると、コートも帽子も脱ぎ捨ててしまいます。そして、靴下を履かせるのが一番大変です。履かさないで行くと「だから、風邪をひいてしまうんだ」といわれてしまいますから、嫌がって泣き喚いているけれど無理やりに履かせて、連れて行きました。その日の夕方、この保育園では、「あんなに泣いているのに、無理やりに靴下を履かせることは、果たして教育といえるのだろうか」と会議が開かれました。「嫌がって泣いても、熱が出ているときで命にかかわることであるため、それを守るためには必要なことであるから、それは教育だ」という建前があり、けれども、「子どもたち自身はそのことが受け入れられないで、無理やりにきせられているということをどう考えるのか」ということがあり、「それは、果たして教育だろうか」という疑問がありました。では、「子どもが嫌だといっているので子どもの要求を大切にする」ために「履かさないことが教育だ」といえるのか。いろいろ話し合われた結果「どちらとも教育ではないことになりました。

　1歳半の発達段階を見てみると、「AではないB」がわかる時期です。それまでは、犬を見て「ワンワン」、猫を見ても「ワンワン」ウサギを見ても「ワンワン」であったものが、犬は「ワンワン」猫は「ニャンニャン」ウサギは「ピョンピョン」という具合に「AではないB」がわかってきます。そこで、今回の場合、Aちゃんの大好きなクマさんのついた靴下と縞模様の靴下を2足出し、「どちらにする?」と提示するとAちゃんはクマさんを選び自分で履き始めることになります。1歳半の子どもをどこまでも最終的な決断の主人公として、決定権を本人に委ねることです。教育は、本人自身がどこまでも教育の主人公にならなければ間違っています。

（京都教職員組合養護教員部編（1988）『田中昌人先生講演記録　子どもの発達と健康教育②』かもがわ出版　pp.48-50を参考に筆者要約）

　このことを頭において、筆者がどのように対応したかを見ていきます。以下は、Y君への筆者の対応です。

　「なるほど。私、最近思うことがあるよ。Y君と話していると、なるほどと筋が通っていると思うことがとても多い。でも、確かに一見そうなのだけれど、聞いていくうちに"あれ、ちょっとおかしいな"って思うところが出てくる。これはなんでやろう？」と尋ねると、少し間をあけ、にやりと笑いながら、

　「先生、それはな、オレが不利にならんように、オレの都合で話をしていくからやろ」と、もう一人のY君が、今のY君自身を捉えている。

　自分でもわかっているけれど、そんなふうにしたい。自分で自分の理論を組み立てている。それが自分に都合が良いものであれ、自分の行動を理由付けし、一つの考えを持って行動しかけている。この段階をふまえて、より道理にあった理論を求めていく段階へと入っていく。3年生の大切な時期に「いつまでこんなことを…」と教師や親、大人たちは焦ってしまうが、自分の力で考え行動していくことへの大切なプロセスの一つを通過しているのだと見ることもできる。現状と理想の大きなギャップの中で、彼らが、そのことを気づいていける援助をする必要がある。

　まず、筆者と学生の対応で同一点を挙げてみると　①いつもの短ランを標準服に直してきたことを認める点、そして、②そのことを褒める点、です。それでは、二者の相違点は、①学生の場合は、「よく直してきたね」と褒めた後に「でもね」とダメな点を注意したり、説得してどうにか直させようとすること、②筆者の場合は、問いを投げかけ、その問いをY君に答えさせることで、Y君が自分自身で答えを見出しており、その主体はY君自身である、ということです。「本人自身がどこまでも教育の主人公になることが教育である」とするならば、どのような対応がより教育的であるかを考えていくことが大事なのではないでしょうか。

事例2　中学2年生のN君（前半部分）

　2年生のN君は、イライラしたり腹が立つと、言葉で自分を表現するよりも前に手や足が出てしまいます。そんな彼の話をゆっくりと聞いていると、「オレ、これでもましになったんやで。"くっそ"と思って手が出た時も、少し加減してやってるもん」

　「そうか。カリカリしているN君と、それをちょっと冷静な目で見て、"やったらあかん"

と言う、もう一人のN君が同時に存在するんやね。君の課題は、もう一人の自分をもっと大きくすることなんやな」と私が問い返すと、

「そうや」と頷いた2学期。

3学期に入り、彼の心が大荒れしている状態の中で、担任の先生の胸ぐらを掴むということをやってしまい、N君はその後、すぐに家に帰りました。

翌日、1限目終了と共に、保健室で彼はこんなことを言いました。

「先生、オレ、昨日担任の胸ぐら掴んでしまったんや。それで、家に帰ったら、もう一人の自分が、"明日、担任に謝れ"って言ったんや。でも、今日学校に来たら、できひんかった……」

Q2　このような生徒が保健室にやって来た場合、あなたならどうしますか?

① 「今からでもいいから、謝ったら?　先生、付いていくから」

② 「なんで謝らんかったんや?　理由があったの?」

③ 「謝ろうと思ったのはすごいな。謝ったら、すっきりするよ」

④ 「そうなんや」

⑤ その他

このQ2を養護教諭養成課程の2年生に実施したところ、①②③に分散しました。では、それらがベストであるのかどうかを、ここでも田中昌人先生の『子どもの発達と診断3　幼児期I』pp.114-115（1984）を参考にしながら考えていきます。

自我が芽生え、その自我が拡大してくる2歳前半の子どもに向かって、「これは、タロウくんのお皿、これはお母さんのお皿、これはお父さんのお皿」と3枚のお皿を横並びに置き、「どれがタロウくんのだった?」「おかあさんのは?」「おとうさんのは?」と言うと「これ」「これ」「これ」とすべてわかっています。「じゃ、おやつを分けてね」といって飴を7つ出します。そうすると、タロウ君は、まず真ん中（お母さんのお皿）に入れます。それから自分のほうに入れて、次に入ってないほう（お父さんのお皿）に入

れます。そして、残りは全部自分のお皿に入れます。子どもの発達に関して無理解であると、「公平に」ということを機械的に当てはめようとし、「この子は欲張りになるのではないか」と思い、そうならないように「きちんと同じように分けなさい」と言いたくなります。しかし、この年齢の発達課題は、「空っぽのお皿を作らない」ことにあるのです。大人の価値観で追い込むのではなく、発達の理論を教育の理論で捉えた対応をする必要があります。

（p.3 に同じ　pp.62-65 を参考に筆者要約）

　以上のことを頭において、筆者がどのように対応したかを見ていきます。以下は、N君への筆者の対応です。

事例2（後半部分）

「そんなことがあったんやね」
　チャイムが鳴り、彼が保健室から出るとともに、私は職員室に走り、N君の担任に「先生、今、N君がこんなこと言いにやって来たよ」と保健室でのことを話し、彼が少しずつ成長していることを担任と二人で確かめ合いました。

　まず、筆者と学生の対応で同一点を挙げてみると、①もう一人の自分が育ってきたことを一緒に確認していること、②その成長を喜びあうこと、です。そして相違点は、①学生は「謝る」という、もう一歩先を要求し、大人の価値観で子どもを追い込んでいる、②筆者は、今はそれ以上の要求はせずに、N君の発達の状況を担任と確認していること、です。田中先生が述べられているように「大人の価値観で子どもを追い込むのではなく、発達の理論を教育の理論で捉えた対応をする」ことを考え、ベストな対応をとりたいものです。
　また、田中先生は、教育を次のようにたとえられています。「『発達を捉える』ことは、カメラでいうと『ピントを合わせる』ことです。新しい発達のどの力を持っている姿なのか、見事にピントを合わせることが大切です。しかし、ピントを合わせるだけで写真が撮れるわけではありません。写真を撮るためには、シャッターを切る必要があります。シャッターを切ることが教育です。どのようにシャッターを切るのかが、私たち大人（教員）が考えなければならない重要なポイントです。ピントを合わせシャッターを切っても中にフィルムがなければ写らないわけで、やはり教育の内容、それから条件というものが整えられて

いないといけません」(京都教職員組合養護教員部編 (1988)『田中昌人先生講演記録　子どもの発達と健康教育②』かもがわ出版　pp.32-33 を参考に筆者要約)

事例3　自分がわからない(前半部分)

春。1学期のはじめから「胃が痛い。おなかが痛い」と何度も保健室にやって来る中学3年生のMさん。声も小さく、腹痛の原因もはっきりせず、何か自分の中に問題を抱えているようでした。修学旅行も終わった5月下旬、そんなMさんが、授業中に友達に付き添われてやってきました。

Q3　このような生徒が保健室にやって来た場合、あなたならどうしますか?

学生たちの考えは以下のようでした。
・バイタルサインや腹痛の状態をチェックする。
・異常がなければ心因性と判断し、学校でのこと、家族のことなど心配事がないか話しながら捉えていく。
・話したそうなら話を聞く。話したくないなら、たわいもない話をする。
・バアムテストなどをさせる。

筆者はどのように対応したのか、続きを見ていきます。

事例3 (つづき①)

私は、彼女の内面の力(この子がどんな子か、また自分自身を客観視する力をどれくらい持っているかを捉えるために)を知ろうと思い、「Mさんって、どんな子?」と尋ねてみました。放課後、彼女はノート1ページにぎっしりと書いてきました。そこには、次のように書かれていました。

すぐ悩んでしまう。ちょっとしたことで心配したりする。明るい子なんだけれど、時々明るすぎる。悲しいときも何故か笑顔!　自分がやりかけたことは、絶対に最後まで

やらないとイライラする。我慢強いほうだと少しは思う。少しおっとりしていて、時々何を考えているのかわからない。寂しがりやだけど、一人でいるのが好き。友達には、「優しすぎる」と言われる。自分では、優しいとはあまり思わないけれど、自分をある程度抑えているので優しいのだろうと思う。

　悪いところは、親に怒られても、全く直らないというか反省しないこと。それと自分の世界に入っている時、友達にきつくなったりする。一番腹立つときは、人の気持ちを考えない人を見た時。

　負けず嫌いなところもある。少しわがままなところがあるかも知れない。自分のこと自分でもはっきりわかっていない。

Q4　この手紙を見てあなたならどうしますか？

学生たちの考えは以下のようでした。
・たくさん書いてきたことに対して褒める。
・自分を分析できていることに対して「すごいね」という。
・短所は見方によっては長所になることを示して、自信をつけさせる。

事例3 （つづき②）

　Mさんは「自分のことは自分でもはっきりわかっていない」と書いていました。自分の問題を捉えることを豊かに広げていきながら、迷いつつ、自分をつかもうとしているようでした。そこで、「Mさんの今の目標は何？　そして将来の目標は？」と質問してみました。この質問には、すぐに返事が来ました。K君のことが中心に書かれているその手紙の中に「私の将来は、すてきな人をみつけて、その人を支えにして生きる」という文字を発見しました。

Q5　この手紙を見てあなたならどうしますか？

・「素敵な人ってどんな人？」と聞いてみる。
・自分の将来についてはっきりしていることを褒める。
・「相手からも支えにしてもらえるといいね」と返す。

・「小さな目標を積み重ねて素敵な女性になってね」と話を広げる。

・「Mさん自身はどんな人になるの？」と聞く。

・「素敵な人は素敵な人にしかふりむいてくれないよ」と入っていく。

事例3 （つづき③）

　自分の未来や現在の生活が主体的ではなく、自分の力で切り開き、力強く生きていくということが彼女には見えていない。私は、言いたいことが頭の中で一杯交錯したのですが、まずは、彼女に再び、

　「もしも、そのすてきな人がいなくなってしまったらどうする？」と質問してみました。

　すると、「エーッ、難しいな」とMさん。

　「じっくり考えて、答えが出せたら聞かせてね」

　Mさんは、まる一日考え、とうとう答えを見出しました。

　「もし、いなくなったら、新しい自分の夢に向かってがんばりたい。何か自分で新しい目標を持つ」という返事が返ってきました。

　具体的な目標はまだ見えていないけれど、人に依存するだけでなく、「自分のために自分の力を発揮して生きる」という考えが芽生えつつあるようでした。

　その後、私とMさんの間で、2週間くらい手紙のやりとりをしました。すると、彼女の両親が現在別居中で、離婚へと発展しそうになっていることがわかってきました。

　同時に、Mさんは自分の考えをはっきりと言うようになったためか、好きなK君と意見が対立することが多くなり、相談にも乗ってくれない彼に不満を持っていました。今までのように楽しくなく、白けた空気が二人に流れるようになり、一緒に過ごす時間は少なくなっていました。

　好きな人とでも意見が対立することを経験したMさんは、肉親と自分とを重ね合わせながら、「それぞれの気持ち」を理解することができつつあったようです。

　梅雨時の昼休み、私は、Mさんがお父さんの気持ちもお母さんの気持ちもわかっているけれど「本当は両親が一緒に暮らしてほしい」と願っていることを知って、「妹さんと一緒に、その気持ちをお父さんに伝えてみたら……」と提案してみました。Mさんは、書くことはできても、面と向かって話すのは大変苦手です。「そんなこと、お父さんに言えない」と言っていましたが、時間をかけて私と話すうちに「よし、やってみる」と決意することが

9

できました。

　翌日、「先生、お父さんに言えたで。そうしたら、お父さんも考えているところやって」と笑顔で瞳を輝かせて保健室にやってきました。

　それからは「おなかが痛い」と言わなくなり、生き生きとした姿を見せてくれるようになってきました。

　異性に関心を持ち出した子どもたちに対して、大人たちはよく「何を浮わついたことを言っているのだ」「中学生は勉強をしなければいけない」などと言って、子どもたちの思いとは別の方向に追い込んでしまいがちです。

　しかし、思春期の子どもたちは、異性に関心を持ちつつ多くの人間関係を知り、経験することを通して、“豊かな人間になりたい”という思いを限りなく広げていきます。

　秋。9月の保健室。あこがれているS君から交際を断られて悩んでいる3年生のYさんに、一所懸命相談に乗るMさんの姿が見られました。Yさんの頭の中は男の子のことでいっぱいです。いつも、いろいろな男の子をすぐに好きになるようでした。

　それからしばらくして、Mさんは、Yさんと私に、同時に手紙を書いて届けてくれました。

　MさんがYさんに渡した手紙には、次のようなことが書かれていました。YさんがS君のことで悩んでいるのはとてもよくわかる。Yさん自身がS君を今までとは異なった角度から見つめ直してみることが大切。そして、「もし、S君が居なくなってしまったら、Yさんはどうする?」という、かつて私から、自分が受けた同じ質問をして、その答えのヒントを書いていました。また、自分の身体は自分自身で守っていくように、S君のためだけに生きるのではなく、自分に対しても強く生きなければ……ということも書かれていました。

　そして、私への手紙には、「Yさんが失恋のせいでしんどそうなこと。今、彼女は迷っているけれど、きっと自分で自分の道をつかんでいくだろう。Yさんは同じことを繰り返しているけれど、一つ一つの“恋愛”にすごく光っているように思える」と書かれていました。

　私は、「同じことをくりかえしているけど」というMさんの文字に出会ったとき、Mさんが春から秋にかけて大きく成長していることを実感しました。Yさんの姿が同じ思春期の彼女にはわかり、①依存する考えをしていた自分と同じような道を友だちがたどってい

ることを知ったり、②変化のないように見える状態の中で、チョッピリ違う新しい変化を
つかむことができるようになったり、③自分の経験から学んだことを友人に教えることが
できるようになっていました。

　「話す」「書く」、そして「自分で感じ考えていく」ことを通して、自分自身をしっかり
確立してきているようでした。

　秋が深まった頃、Mさんは休み時間に保健室に来て、大声で笑ったり、のびのびとして
いました。そこで、

　「1学期のはじめごろ、よくおなかが痛くなっていたけど、どうしてだろう。どんな時
に痛くなった？」

　と質問してみました。

　彼女は、少し考えて、

　「何かわからんけど頭の中がいっぱいになって、どうしたらいいかわからんような時
かな……」

　と答えてくれました。「自分の頭がいっぱいの状態になり、その解決方向が見いだせな
い時、腹痛をおこしていた」と言うのです。

　そして、以前の自分をふりかえって文章を綴ってくれました。

　「前とかわったところは、まわりから見ると、あんまりないみたいだけど、先生といろい
ろ考えたりして、けっこう自分の意志みたいなのがわかるようになった。まわりの人より
も大人だなって思うところもある。相談役として、友だちを励ませるもの。心が広くなっ
たみたい。これからも今まで以上に、きれいな心の持ち主になりたい。イヤなことはイヤ
とはっきりしたい。人のいいなりとかは絶対イヤだもん。自分は自分だもんね。前までは、
人のいいなりになったこともあったけど…。変わったとこ…前より、よく物事を考える。
一つ一つのことをじっくりと見ている。これからも、もっと自分をピカピカに磨きたい
です」

　思春期の子どもたちは、今まで以上に「自分はどんな自分か」「みんなと同じようであ
りたい。でも、みんなと違う自分を発揮したい」と、人間としての価直を知り、「自分の価
値観」を造り始めていきます。

　変わっていないように見えるけれども、「自分の中では、確実にプラスの価値のある方

向に変わっていこう」「どうにかして自分を成長させていきたい」という願いを持っています。

　子どもたちが、自分でしっかりと物事を考え、問題点を見つけそれを解決するために行動を起こしていく力は、とても重要です。そして、その力を集団の中へ持ちこみ、集団の中でお互いに成長しあい連帯へとつなげて、さらにたしかな自分自身を確立していきます。

　こういった「自分自身をどうしてよいのか分からない時期」にこそ、彼らの話を聴き、その中で、彼らに不足している力や考えや方向性を、彼ら自身が見出していくことへの手助けが必要になります。この時期にどのような人と出会い、どのような考えに触れるかは、どのような方向へ自分を発展させていくのかを決める大きな要因となります。

　私たち教員は、両親や家族の次に、彼らに近い年上の存在となります。そのため教員一人ひとりが、どのような生き方、考え方をし、彼らをどのような方向に導いていくかが明確になっていなければ、彼らへの支援が全く異なったものになります。教員一人ひとりの考え方は異なっていて当然であり、その多面的な考え方に出会うことにより、彼らは彼らなりにそれを選び取り、また、新しい方向に進めていきます。そこで一番避けなければならないことは、教員自身が自分の考えや方向性を自分の中で明確にできていないことです。

　教育という場にかかわる人たちは、自分なりの人生観・教育観を持つ必要があります。2017 年発行 part 1 の冒頭で述べたように、「子どもたちをどのような人間に育て上げたいのか」「そのような人間になるには、子どもたちが、どのような力を付ければよいのか」を一人ひとりの教員が明確にし、その上で教育に携わることが必須です。

2)何が課題かを考える!

　児童生徒を主体とした教育を行うためには、①その子が抱える課題は何であるのかを発見すること、次に　②その課題を解決したり乗り越えたりするためにその子がどのように行動すればよいのかを考え出すこと、そして　③その行動をどのように支援するのかを計画することが必要となります。しかし、それぞれの児童生徒の課題が何かを発見し考えることはとても難しいことです。それぞれの子どもが抱えている問題は異なっているし、子ども自身の持っている素質も異なっています。また、その子が育ってきた環境の違いもあ

ります。

　ただ、一人前の人間になるために共通した大きな課題は、「自分で考え、問題を明確にし、行動し、解決していけること」です。教育を行う側には、そのためのそれぞれに合った課題を提起し支援していく必要があります。これができなければ教育とは言えません。

　では、Y君、N君、Mさんのそれぞれの課題を養護教諭はどのように設定して事例のような対応をとったのかを確認していきましょう。

　それぞれの課題は……

> Y君の場合：自分の理論建てのおかしさを自分自身で考えてみる。
>
> N君の場合：もう一人の自分を大きくし、その自分を自分自身で確認する。
>
> Mさんの場合：『依存した価値観から自分の力で自分のために』という価値観の確立。

　では、それぞれの子どもたちの課題をつかむためにはどうすればよいのでしょうか？考えてみましょう。

１　課題をつかむためには…　（　　　　　　　）が重要!!

Q6　（　）の中には何が入るでしょうか？

Q7　子どもたちはどんな時に保健室に来るのでしょうか？

・けがをした時やしんどい時	・教室にいられない時
・身長・体重を測りたい時	・嬉しいことがあった時
・友達と喧嘩した時	・手持無沙汰な時
・先生や親に怒られて納得いかない時	・嫌な科目の時
・100点取った時	・泣きたい時
・試合に勝った時	・遅刻した時
・成績が悪かった時、良かった時	・話を聴いてほしい時
・彼女または彼ができた時、振られた時	・どうしていいかわからない時

・告白しようと思った時　　　　　　　　・先生の顔が見たい時

　　etc...

上記のように子どもたちは多種多様な事項をもって保健室にやってきます。

事例4　オレ、ヤンキーやしな

　中学2年生のN君は3月下旬に、
　「先生、おはよう！　オレ頭黒いやろ」
　と言いながらやって来た。彼を見て、
　「ほんまや。この前、黒くするって言ってたもんな。でも、なんで黒くする気になったの？」
　と問うと、
　「学校、来たいしな、やっぱり。家にいても暇やし」と答える。
　「みんなと一緒にいるっていいやろ。人間一人でいるより多くの人と繋がりをもっている方が豊かになれる」と私が言うと、
　「3年生がいなくなったらおもしろくない」
　「2年生ではあまり友達いないのかな？」
　「そんなことないけど、サボるヤツいない」
　「N君は、サボっているの？」
　「ちがうけど……。先生結婚しような」
　と窮地に立たされると、まったく関係のないことでごまかすN君がいる。
　「君がすてきな青年になったらな」
　「またや！」
　「背が高いとか足が長いとかそんなんと違うで。いつも言っているけど中身で勝負。内面的にすてきでないとあかん。人間としてなくてはならないものってあるやろ。そんなこと。なぁ、N君自身は、中1と中2で、何が変わったと思う？」
　「オレ、素直じゃないし」
　「そうかな。私は、君はとっても素直やと思うよ。だって髪の毛だってズボンだって〝オレがやりたい気持ち〟をそのまま表現しているんやろ。素直に。なんでやりたいかはよく分からんけど。〝目立ちたい〟ってこの前言っていたね。目立つ方法はいろいろあるけど、

スポーツ、優しさ、勉強、音楽、服装、ユニークさ…。とにかくオレは目立ちたい。その素直な表現なんや。どの方法でいくかは人によって違うし、それが良いと思うかどうかも違う。価値観の違いやな」

「オレ、ヤンキーやしな。不良とはちがう」

「えっ、そうなんや。じゃあ、ヤンキーって何か教えてくれる？　不良とヤンキーはどこが違うの？」

「え～。わからんけど…。ヤンキーは目立ちたいねん。ツッパリも。不良は、頭が悪くて、落ちこぼれで、自分のことをすべて投げていて…でも、目立ちたい」

「つまりヤンキーは、目立ちたいだけで、自分のことは投げてなくて、やればできるってことか」

と言葉を変えて尋ねると、

「う～ん。できるかどうかは分からへん」

とN君は答えた。

「できないかもしれないけれど、できるように、努力するわけやな」

と付け足すと、

「うん、そうや。オレも少しは努力してるで。国語とか……」

と自分をヤンキーであると称すN君は、主張した。

「そうか。行動する時フィーリングだけでやりたいんじゃなくて、"こういう理由で、こういう目的と意義があってやってるんや"っていう信念をもってやってほしいな。N君は、きっとそうできる子だと思う。期待している」

と話した2年生最後の日。そして、3年生になり、

「あつい、あつい！」

と言ってやって来た4月の下旬。

「あっ、N君。昨日、学校に来ていた？　最近、顔見ないから」

という私の言葉に、

「オレ毎日来てるし。授業に出てるで。まじめに」

と穏やかに、しかし激しく返してくる。

「そうなんや。それは、ごめん、ごめん。2年の終わりに、ヤンキーと不良の違いについて話してくれたね。"オレは不良じゃなくてヤンキーになりたい"って。"ヤンキーは自分のこと捨てない"って。だからN君は、今がんばっているんだね」

そして5月、彼は、『ライダー』というバイクの雑誌をもってきて、

「先生、ここ読んで。この前言っていたことが書いてあるし」

　そこには、「なんでもかんでもまとめて十把一絡げに不良という文字で括ってしまわないでほしい」という内容のことが書かれていた。そして6月下旬…

「先生、昨日居なかったやろ。オレ、『ライダー』もってきたのに」

「何が載っていたの？」

「この前の“不良のパート3”」

「そこにはどんなことが書いてあったか聞かせてよ」

「おぼえてへん」

「君から聴きたいな。ちょっと思い出しよ」

「この前と似たようなことや」

「1人の人間としてそれぞれにあるんやから、十把一絡げで不良って言うなってこと？」

「そう、それと、大人より主張がへたで自己主張できないから、こうなるんやってことかな」

「口でうまく自己主張できないからどうするの？　すぐにむかついたり何かに当たったりするの？」

「オレ、口でやる」と結論付けた。

　N君は、不良とヤンキーの違いにこだわり続け、3か月にわたって自分が発見した答えを次々に伝えに来た。「不良とヤンキーの違いって何だろう」という問いかけが、彼の考え方の根底に「自分を捨てない」ということをより明確化させた。そして、それは、彼が常に頭の片すみにその考えを土台にして行動していくことに繋がってはいかないだろうか。良からぬことも数多くやってくれるN君だけれど、このこだわりは、彼が生きていくための大きな足掛かりの第一歩だといえるのではないだろうか。

Q8　N君は保健室に何をしにやってくるのか？

①勉強が面白くないのでさぼりに…
②ひょっとしたら3年生がいるかも…
③ほっこりしに…

④目の保養（このころの筆者は若くて、きれい）

⑤ちょっと疲れた

⑥違いの発見を知らせに

⑦価値観の形成

次のような生徒がやってきたならば、どうしますか？

Q9　４月の初め、３年生のAさんとBさんが保健室の入り口の鏡の前でヘアースタイルを整えていました。新しく勤務した学校で、彼女たちは初対面の生徒です。よく見ると、流行に乗って、眉毛をとても細く剃っているではありませんか。さあ、あなたなら、どんな声をかけますか？

①それ、流行っているの？

②何でそんなことしたん？

③おはよう、初めまして。なんという名前か教えてくれる？

④おしゃれだね。

⑤そんな細くするのは校則違反だよ。

⑥その他

どうでしょうか？

さて、筆者はどうしたか事例を見てください。

事例5　ちょっとつっぱってみようかな　ー眉毛ー

　４月の初め、眉毛を細くそった３年生のＡさんとＢさんが保健室の入り口の鏡の前でヘアースタイルを整えていました。その時の会話。

　私「もう十分きれいになったヨ。あれ、ちょっと眉毛が細いけど、上手に剃ってるんやなぁ。うまいことせんとスポンとおちてしまうやろ。なかなか技がいるし、私にはできひんことや」

　Aさん「そやろ。けっこう難しいんやで」

　Bさん「でも先生だけや。そんなこと言うてくれるのん。先生変わっているなぁ」

　私「そうか。でも、めんどうくさくないか？　ちょっとしたらまたゲジゲジはえてきて、

よけいにかっこわるくなるし」
　　Aさん「そうなんや。ちょっとめんどうくさいんや」
　　私「そうやけど、やってみたいんやな」
　　Bさん「そうそう」

　教師としては、「してはだめだ」という指導をしなければならないのかもしれないが、初対面の彼女たちに、そんなことを言っても聞き入れるはずもない。どうして剃りたかったのか自分自身のなかに問いかけてもらいたいという思いで上記のような声かけになった。保健室では、まず、子どもたちの変化を捉えていきたい。

Q10　こんなことを言ってきたらどうする？

「先生、彼氏いるん？」「セックスしたことある？」
「こいつ、毎日しこりすぎやねん」「○○は包茎やぞ」
「コンドームって、どうしてつけるん？」…と中学3年生の男子。

①お年頃やなー。
②急にどうしたん？　彼女でもできたのか？
③みんな元気やなー。話についていけへんわ。
④女の人に聞くことじゃないでしょ。
⑤ちょっと待って。先生がしっかり教えてあげる。大事なことやからな。
⑥大人になってる証拠やな。
⑦その他

どうでしょうか？
さて、筆者はどうしたか事例を見てください。

事例6　ちょっとつっぱってみようかな　―中学3年生は性の絵本が大好き―

「先生、彼氏いるん？」「セックスしたことある？」
「こいつ、毎日しこりすぎやねん」「○○は包茎やぞ」

「コンドームって、どうしてつけるん？」…と３年生の男子。

私「毎日、マスターベーションしても別にええやんか」

Ａ君「マスターベーションって？」

私「いわゆる、今、あんたが言うた『しこる』ってやつ」

Ａ君「あー、そう言うのん」

Ｂ君「毎日してもええのん？」

私「すごく疲れて、しんどいなって感じがなかったらいいよ。
悪いことやないし、中学生の男子やったら大部分がやってるやろ」

Ｂ君「そうか」

　と、３年生男子は性のことで頭が一杯の人が多く、保健室にあるすてきな性の絵本をよく読みに来ています。

事例7　自分の居場所（前半部分）

　「おなかが痛い」とよく保健室に来る中学２年生のＵ君に、「クラスは、どうですか？」と問いかけると、「おもしろい。まあまあかな」とＵ君。「勉強は、わからへんとこある？」「みんなわからへん。ボクあほやし。ボクよりできひん人っていいひんかな」「でも、本をよく読んでるし、なんでもよう知ってるやん」「ボク勉強はできひんけど、雑学は好きやねん」という調子です。ある日の６限目、Ｕ君は、「頭が痛い」とやって来たのですが、ベッドが二つともふさがっていました。私が職員室からもどって来ると、「あれれ、Ｕ君はどこいった？」と思いながら部屋を見まわすと、なんと机の下に毛布を持ちこんで、それをかぶって寝ていました。

Q11　こんな生徒にどう対応する？

①そんなところでもう。早く出ておいで！

②寝ていいよと言っていませんよ。

③毛布が埃だらけになるやんか。

④そこじゃなくてソファーの上で寝たら？

⑤その他

事例7（後半部分）

「うわーすごいところで寝てるんやな」と声をかけながら、どうして机の下なのだろうと考えてしまいました。"ちょっといやなことがあって人と接したくないのかな""気まぐれかな""自分だけの居場所を作ったのかな"よくわからないけど何かある。

「なんでそこがいいの？」

「おちつくから…」保健室での子どもの様子を一日観察していると不思議なこと楽しくなること、言葉以外での表現がいろいろあります。子どもたちの自由な姿を観察する中から、彼らが訴えたいことや彼らの気質や才能、課題や問題が見えてくるものです。

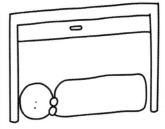

子どもたちの言動を否定するのではなく、その奥にあるものが何であるのかを考えることが、その子を理解するための最も近道となります。そして、どうしてそのような言動を取るのかを考えてみることを第一とする必要があります。

さて、学校にいるときの子どもたちの居場所はどこだと思いますか？

一般的に、あらゆることが順調にいっている時は、子どもたちの居場所は『教室』です。それでは順調にいっていない時は、『保健室』に来るか学校を休みます。子どもたちが学校を休んだり、保健室に来る時は、『何か理由』があるはずなのです。大人たちが、何も理由がないように思ったり、「そんなことぐらいで…」と思うのは、大人たちには『すべて』が見えていないだけなのです。子どもたちが、教室ではない『保健室』に来た時は、いつもと違う、「何かがある」という目をもって子どもを捉える必要があるということです。一人ひとりの子どもたちを理解するためには、①子どもたちを捉えるために子どもたちを徹底的に「観察する」ことが基本です。このことをなくして、その子の課題をつかむことはできません。

② 課題をつかむためには…（　　　　　　）が重要!!

Q12　（　）の中には何が入るでしょうか？

次に、養護教諭はなぜ時間をかけて子どもの話を聴くのでしょうか？

事例8　子どもを捉えるとは　―K子を通して―

（1）K子との出会い

　中学1年生の時、ほかの女子生徒に付き添って時々、保健室にやって来たK子。「おとなしいけれど、しっかりしているのだろう」という印象を受けた。しかし、2年生の2学期後半から、「しんどい！」と訴え、よく保健室に来るようになった。

　「どこが、どうしんどいの？」

　「………」

　「頭が痛い？　おなかが痛い？」

　「………」

　問診、視診、触診上では、特に器質的な疾患があるようには見受けられない。熱があるわけでもなく、体がしんどいというよりも気持ちがしんどいと判断し、

　「クラスで嫌なことがあったのかな？　それともお母さんと喧嘩したのかな？」

　「………」

　何を言っても、彼女は、黙ってじっと下を見つめている。髪の毛が長く下を向くと顔が、ほとんど隠れてしまう。

　「少し休んで様子をみようか？」

　と言う私の言葉には、頷いたK子。

　1時間休養後、

　「頑張れる？」と問うと「うん」と元気のない返事をして、迎えに来てくれた友達と教室に戻っていく。こういった状態が数回続いた。

（2）K子がつかめない！

　「K子が保健室に、最近よく来るのだけれど、何を訊いても、あまり話してくれない。K子ってクラスではどんな子ですか？」と担任と情報交換をした。その結果、担任からは「めだたない子だけど、個人的にはよく話してくれる。先生！　先生！　と話し始めるととても長く時間をとる。兄弟も多く、お母さんに十分話を聴いてもらえてないように思う」という答えが返ってきた。

　クラス替えがあったため、人見知りが強くて、まだ十分な人間関係ができていないためだろうか。もう少し時間をかけてみようと思った。しかし、その後も彼女は、同じような状態で変化がなかった。そんなK子と接する中で、彼女は、自分にとって何が問題なのか

十分に解っていないこと、そして、彼女が「その問題を見つけ、自分の力で解決していく」ためには、まず、人に自分の考えを伝えていく力を付けていくことが必要だと、私は判断した。そこで、

「あなたは、体がだるくてしんどいのだと思うけれど、『どこがどうしんどいのか？　それは何故なのか？』ということを先生に伝えてほしい。何も言わなければわからない。今は熱は正常だし、顔色も悪くないから、教室に戻って考えを自分なりに整理しておいで。それで言いたいことが１つでもわかったら、直ぐに来てくれる？」という形で彼女と接した。

しかし、それ以降、彼女は来なかった。

（3）修学旅行前の事件

３年生になって、Ｋ子は、友だちとして似つかわしくないＮ子と保健室にやって来る。Ｋ子から多くの情報を得ることは期待できないため、Ｋ子には「頑張ろう！」とすぐに教室に返した。そして、Ｎ子と話すことで、Ｋ子の情報を得ようと考えた。「Ｎ子から見て、Ｋ子ってどんな子？　Ｋ子は、クラスではどうしてる？」「友だちとしてどう思うか」「私には話してくれないんだけど、Ｎ子とはどんな話をするのか？」などと聴いていくと、

「そうや！　何も言わはらへん。しんきくさい。何思ったはるのか、分からへん」

とＮ子は言う。

Ｎ子は、２年の３学期からの転校生で、ややツッパリ風の子だ。だからどうしてＮ子とＫ子が友だちなのか不思議だった。

修学旅行が迫ってきた５月下旬の放課後、Ｋ子は、Ｈ子とＥ子と３人でやって来た。「先生、Ｋ子が相談があるんやて。聴いてあげて」と、Ｅ子が告げた。

「どうしたのかな？」

「うん……」

言い出せないＫ子をみかねて、Ｅ子が言った。

「旅行のキャンプファイアーの時に出し物をするんやけど、班ごとに何かするんや。それでな、私らが歌を歌うことになった。ほんとは歌いたくないんやけど…。でも、何分間か我慢したら終わるもん」

「歌うのなんか嫌や！　きっと誰も聴いてなんかくれへん。そんなんやったら旅行なんか行きたくない」

とＫ子はＥ子に向かって言う。

「班のみんなで何かすればいいのに。もし、決める時に、無理やりやらされて納得がい

かなかったんやったら、はっきりとそのことをグループの中で話さんとあかんで。Ｋ子は自分の思っていることが一杯あるんやけど、なかなか言い出せないんやと思う。でも、自分の考えをしっかりと言葉にしていくことは、友人関係を作っていく時も、これからＫ子が生きていく、その生き方を作っていく時にもなくてはならないものやで。

納得がいかへんのやったら、自分の口で、自分の言葉ではっきりと『嫌や！』の一言を言うべきだ。明日、もう一度グループの人たちと考えてごらん」

と30分間くらい話した後、彼女たちは帰っていった。

次の日、1限目終了後、担任から「Ｋ子がそっちに行っていませんか？」と校内電話が入る。Ｋ子は学校に来ていないのだ。昨日、もっと時間をかけて話を聴くべきだったと後悔した。学年の先生たちは、Ｋ子とＨ子を朝からずっと探しているようだった。昼食時、トイレでＨ子に会った。

「あれ！　どうしたん？　Ｋ子も一緒か？」

「うん」

と答えたＨ子を保健室に連れて行き、事情を聴いた。

「家は出たけど、学校に行くと『Ｎ子にいじめられるし、行きたくない』とＫ子が言うので、一度学校まで来たんだけど、Ｋ子がかわいそうだから、ずっと一緒にいた」

とＨ子が大まかに説明してくれた。

歌のことをグループの人に言い出す勇気もないし、グループのリーダー格のＮ子に、他のことでもいじめられているＫ子の現状が理解できた。

担任に「今、保健室に来ている」と連絡をすると「すぐにこちらに来させてほしい」という担任の返答で、彼女たちは職員室に向かった。

Ｋ子たちの修学旅行のグループは、仲の良い友だちばかりが集まってできたものではなく、クラスの中でグループからはみ出た者たちの集まりであった。

その中で、ツッパリ風のＮ子は、母子家庭で幼い妹もおり、自分のイライラをぶつけるところがないためか、何も言わず抵抗しないＫ子に対して、叩いたりいじわるを言ったりしていじめているようだった。

次の日、3年生は旅行前の荷物点検のために、旅行の準備をして学校に持って来ていた。授業前にＫ子たち3人が荷物を持って保健室にやって来た。

「昨日は遅くまで残されていたのか？　担任の先生と話して、すこしは自分なりに納得できたか？」

「うん…。でも行きたくない！」

というK子の表情は、昨日よりも明るい感じを受けた。

「E子、K子のこと頼むよ！」3人は教室に戻っていった。

（4）自分からの行動　ー "してもらいたい" から "する" ー

4限目、

「しんどい！　E先生にちゃんと言ってきた。そしたら保健室に行って来いって…」

と言いながら、K子はボーッと立っている。

「何があったのか、しっかりと自分の言葉で聴かせてほしい」

「いつも、N子たちと一緒にグループでお弁当を食べているんだけど "あんたなんか一緒に食べるの嫌や。あっち行き" って言われた」

「そんなこと言われてK子は、どうしたん？　"なんで？" とか訊いたか？」

「……」

時間をかけて話を聴いていくと、お弁当のグループも旅行のグループも同じで、N子がいろいろと嫌がらせをしてくること、しかも、N子のとなりにK子が座って弁当を食べていること、そういったことを担任に言うと「なんで、このグループだけ…」という感じで突き放されるような気がして、言い出せないことが分かった。

「あんなグループで旅行なんか行きたくないし、学校に来るのもいやだ」

というK子の思いが伝わってきた。

「K子の気持ちはよく分かった。それで、これからK子はどうするの？」

「……」

「もう4限目も終わりに近づいているよ」

「……」

「自分の気持ちを一旦整理できたら、こんどは、じゃ、どうしていくのかということを考えんとあかんな。先生やったら、今思いつくことが5つある。

　1つ目は、このまま保健室にいる。

　2つ目は、家に帰ってしまう。

　3つ目は、担任に言って何とかしてもらう。

　4つ目は、とにかく、いつもどおりにお弁当を食べる。N子のとなりで。

　5つ目は、今日はE子と席をかわってもらって、お弁当を食べる。

　K子ならどうする？　どんなことが考えられる。自分の言葉で言ってごらんよ」

しばらく黙っていた後に

「保健室にいたい。家に帰りたい。担任の先生に言ってどうにかしてもらいたい」

と、ポツリポツリと話す。

「しっかりと自分の思いを自分で言えたね。すごいぞ！　それで良い。だんだん自分で言う力を付けることができてきたね。でもな、先生が考えた５つで、あなたが言ってくれた３つのことと残りの２つは少し違いがある。

　“保健室にいたい”“帰りたい”“なんとかしてもらいたい”、この３つのことはすべて、自分が逃げているか、人にどうにかしてもらいたいということで、あなた自身が行動しているところが１つもない。

　“とにかくいつもどおり食べる”“今日だけ席を代わってもらう”という残りの２つは、あなた自身が行動し、参加している。

　この間、努力したから自分の思いを言う力がだんだん付いてきた。とてもがんばっていると思うよ。

　先生は、あなたが５つのうちどれを選んでもいいと思うけど、とにかくお弁当が食べられなくてもいいから、いつもどおりに教室に行って座ってきてほしいな」

「……」

　Ｋ子は“そんなことできない”と、悲しそうな困った視線をなげかけてくる。

　ベルが鳴ると同時に、Ｅ子が「先生、もう熱があるし、帰りたいわ！」と言って入ってきた。

　その時、私がＥ子へなげかけた視線の意味を、Ｅ子はすばやくキャッチしてくれた。

「うそや！　がんばれるわ。Ｋ子、お弁当食べに行こう！」

「ほら、さそってくれてるよ。自分で行動していこう。昼食終了のベルがなったら、すぐに教室から出て来てもいいから。ベッドをあなたのために空けておく。そして、休み時間はほかの生徒が来ても、ずっとあなたの話を聴くし、あなたと話したい。ほら、がんばれ！」

　という言葉とＥ子に支えられてＫ子は立ち上がり、教室に向かった。

　昼食終了のベルとともに、Ｋ子、Ｅ子、Ｈ子がやって来た。

「がんばったね。すごいぞ、ベッド空けてあるから話そう！」

と言いながら、ベッドのほうへ行く。

「どうだった？　Ｎ子は何か言ってたか？」

「お弁当を食べずにいると、はじめは何も言わなかったけど“なんで食べへんの？”とか聞いてきた」

「よかった。自分で行動した甲斐があったね。先生とってもうれしい。15分間しんどかったやろ」

　この15分間は、K子にとって1時間にも2時間にも感じられるほどのつらい時間だったと思う。しかし、"してもらいたい"という人に頼りきっていたK子がどうにか自分の力でやってみることができたことは、大きく評価できる。そして、私はこの時、K子はきっと修学旅行に参加することができると確信できた。

　「でも修学旅行行きたくない……」

　「今日の15分間はK子にとって大きな15分間やった。これができたんやから旅行も行ける。私はやる前から"できない"というのが、いちばん嫌い。だから、旅行の途中でしんどくなったり、嫌になったらいつでも帰ってくればいい。そのかわり、はじめから行かないというのはダメ！」

　「そんなことできるの？」

　「担任のE先生に、私から話しておく。でも、K子からも自分の言葉でE先生に話してほしい。できるかな？」

　「やってみる」

　ベルが鳴り、K子は教室に戻っていった。そして清掃時、

　「今日の放課後、5時からE先生と話をする約束したよ」と私が言うと

　「じゃ、待ってる」とK子。

　「先生の話がすんだら、K子からE先生に言う？」

　「言う！」

　「じゃ、待っていて」

　その後、私は担任のE先生と話した。

　今日のお弁当のこと、やっと自分で自分の思いが言い出せていること、N子たち友達は、K子が言うのを待っているほどの配慮はなかなかできないこと（大人でもしんどいことであるため）、でもE子がK子のことを支えていること、今、K子にとって自分の思いを自分の言葉で人に伝えること、そして問題を解決するために、自分から行動していく力をつけることが課題であること。

　「旅行に行きたくないけれど頑張ってみる。途中で、だめだったら家に返してほしい」ことを自分で先生に言いたいと、K子が保健室で待っていることを話した。

　その後、E先生に保健室に来てもらった。

　K子はベッドからなかなか出てこないで「ここから言う！」などとてこずらせる。

　「人に何かを言う時は、しっかりとその人の顔を見ながら伝えないと自分の思いも伝わらないし、相手にも失礼だ。ここに座って話そう」

　と促し、やっと出てくるが、なかなか言い出せない。

　まわりに人がいると言いにくいのかもしれないと思い、私はE子、H子と一緒に保健室を出て行った。

　5分後、なんとかK子はE先生に伝えることができたようだ。

　「今日は、よくがんばったね！　これで安心して家に帰れるね」

　K子は「やったぞ！」という満足感をただよわせながら、横断歩道を渡り、帰っていった。旅行の前日、

　K子が「どうしよう！　明日や、先生」

　「大丈夫や。明日は見送りに行くから。その時にいいものを渡すから、安心しとき」

　その日、K子に渡す"手作りのおまもり"として、4枚の手紙をきれいに折って封筒に入れ、1日に1枚ずつ読むように、最後の1枚はどうしても帰りたくなったときに読む分を作った。

　そして次の日の朝、K子とE子（K子を支えてくれるようにという内容の手紙）におまもりを渡し、見送った。

　K子は、旅行の3日間をなんとか乗り越えることができた。

　その後は、授業中に「しんどい！」といって保健室に来ることはなくなり、笑顔が見られるようになった。

(5) 夏休み前「今度は、私が支えてあげる」

　夏休み前のある日、E子が家のことで気持ちが落ち込んで、保健室にやって来た。それを迎えに来たK子は、「どうしたん？　今度は、私が支えてあげる番！」と言って、E子と教室に戻っていった。前髪をきりっと括ったK子は、幾分たくましく見えた。K子がE子を支えることは、まだまだ無理かもしれないけれど、自分のことで手一杯だったK子が、こんなところまで考えていけるようになった現実を目の当たりにして、生徒たちの成長には目を見張るものがあると、感激してしまった。

(6) K子を通して、私が学んだこと

　しっかりとK子が捉えられす、何がK子にとって課題になっているのかがわからなかった時は、K子と接するのがとても苦しく、「また来た！」という気持ちがとても強

かった。

　しかし、K子がどのような子で、何につまづいているのか、これがK子にとって必要なんだと理解できた時、K子に私の彼女に対する思いが伝わった。担任の先生にもK子の保健室での状態を伝え、私が考えているK子の課題を提起し、協力してK子に働きかけていくことができた。

　まずは、その子をしっかりと捉え、その子が自立していくための課題を見つけ、意図的にその子に接していくこと。そうすることにより、子どもたちは大きな力を発揮し成長していくことを、身をもって掴むことができた。そして、友人の支えが重要で、K子自身とE子というように、相互関係で2人が伸びて成長していくこともわかった。その子どもの発達段階に応じた課題を提起していく「発達の最近接領域」ということが理解できた。

Q13　この事例を読んで考えたことは何でしょうか?

事例9　「保健室、どうや?」

　10月の4限目に「しんどい」とベッドで寝ていたNちゃんは、今まで保健室に来たことがありませんでした。Nちゃんは中2の時に転校してきた生徒で、父母はNちゃんが小4の時に離婚し、父とNちゃん、母と妹という生活が始まりました。中1の時に父が再婚し、継母とうまくいかず、母のところに戻ってきました。小学校から中学校まで学校でのいじめもあったようです。

　ベルが鳴る直前に、H先生が「どうや?」と問いかけると「ん……」とあまり話をしたくないような様子のため「そっとしておくのがいいのかな」とH先生が思っていた時に、つまっていたものがあふれ出てきました。「先生、あんな……。今日だけじゃなくて、クラスにずっと行きたくないねん。特に今日は、家庭科の席とか自由やし、私一人になってしまうねん」と泣きながら話しだしました。

　「ずっと3年になってから、一人やったんや。それはもう2年の終わり頃からなんとなくそういうふうになって。小学校の時からずっと同じようなことがあって、その時、担任の先生に「Nちゃんが悪いんや!」ということを言われた。それ以来、いじめられても"あ

あ、やっぱり私が悪いのかな。私がネクラやから、他の人と話をしいひんからみんな離れていくんやな"って思うようになった。Ｎ中に来て、やっぱり、私いじめられるのかなと思ったけど、しばらくは大丈夫やった。でも、やっぱり、そういうふうになってきて……。他の人に話をしようと思っても、私は、自分の思っていることを言えへんのや。言おうと思うんやけど言えへん。Ｃちゃんと仲好くなってＭちゃんとＮ子ちゃんのグループから出たけど、Ｃちゃんは、都合のいい時にしか来いひん。利用されてたんや。気がついたら、私……一人になっていて……」

　翌日から２日間の中間テストと日曜日をはさんで、月曜日の朝からＮちゃんは、ずっと保健室登校ということになった。火曜日の１限目の途中、３年生の先生が来られて「ちょっと相談室行こか」とＮちゃんと出て行かれた。２限目のベルとともにＮちゃんは泣きながら廊下を歩いてきた。保健室前で私を見たとたん「もう、いやや」と大声で泣き出し、涙がとまらない。話を聞いていくと「３年生の先生はみんな同じことばっかりいう。受験のこともあるし、授業が大事やし教室にいかんとあかんこと、でも授業にでてもよくわからへん。話はもう十分聴いてもらったやろって……先生からいろいろ言われると、何も言えなくなってしまう。私のことなんか分かってもらえてへん」

　２限目にＮちゃんが話してくれたことを要約して（先生の前では萎縮してしまって、自分の思っていることをなかなか言えない。勉強も基本からやりたいと思っている）、学年主任の先生に伝えた。しかし、学年としての考えは、「Ａのようにはしたくない」（３年生のＡちゃんのように、保健室登校はさせたくないという意味）ということで、３限目からは相談室へ連れていくという返事でした。

　Ｉ先生に今のＮちゃんの気持ちを伝えたことと、次の時間からは、相談室に行こうと３年生の先生が誘いに来ることを告げると「エッ！　どうしよう。いやや」という表情をした。「やっぱりＮちゃん自身が、しっかりと自分の思いを３年生の先生に伝えていかないと解ってもらえないな。でも、Ｎちゃんは、面と向かって話そうとすると感情が先にたって、涙が出てきて話せなくなってしまうな。なぁ、じゃあ、手紙で伝えるって方法もあるよ。手紙に自分の思っていることを書いて、３年生の先生にＮちゃんのこと解ってもらったらどうやろ。今日のＮちゃんの課題はこれやな」と思いを綴ることを提案した。「わかった。思っていることを書いてみる」ということで、Ｎちゃんは書くことと相談室に行くことを了解した。学年主任のＩ先生は、温和でいつもニコニコされており、Ｎちゃんが話しやすく、心を開いてくれそうな人の一人です。ところが３限目は授業があったため、Ｏ先生にＮちゃんを相談室に連れていき、数学の１年生の復習プリントをさせることを頼んでいま

した。O先生は誰に対してもあっさりしていて、厳しいところもあり、Nちゃんは少し苦手です。

　保健室の戸がガラッと開いて、O先生が「○○さん、いくよ」と言われた瞬間、Nちゃんの表情はとても固くなってしまいました。「いやだよう～、たすけてー」と訴えるような視線を投げつけて、足取り重く歩き始めました。相談室に入ろうとされたO先生に「先生、ちょっとすみません」と、保健室で決めたことを伝え、自分の思いを手紙に書くことを課題としてほしいことを頼みました。O先生も、それがいいということで、便箋を取りに戻り、Nちゃんが書きやすいように環境を整えてくださいました。

　3・4限目にかけて便箋4枚にびっしりと自分の思いを綴ったNちゃんは、6限目の後、その手紙をI先生にわたしました。学年の先生にも少しは気持ちがわかってもらえ、Nちゃんも、1限目は相談室で英語の問題集をする、2限目は理科の原子記号を覚えるなど、自分なりに1日のスケジュールや課題をたててきて、朝に、担任に学校に来ていることと予定を知らせて、1日を過ごすことになりました。翌週のNちゃんのスケジュールには、"2限・技術　6限・理科の授業を受ける"と書かれていました。

　Nちゃんが行ってみようと決めた教科については、その教科の先生に事情を話し、保健室まで来てもらうようにし、理科と技術のコンピューター室での授業に出、「コンピューター室は大丈夫やったけど、やっぱり教室はしんどいわ」とその日の気持ちを表現しました。

　家に帰ると「なんで教室に行けへんのや。みんな行ってるのに、Nは普通とちがう。何を言うてんのや」とお母さんから怒られ、喧嘩になってしまう。「お母さんは、わかってくれない」を繰り返していたNちゃんは、お母さんにも手紙で攻めてみることにしました。手紙をわたして数日後、「先生、この前お母さんが『保健室どうや？』って聞いてくれたんや。なんかとっても嬉しかった。ちょっとは私のこと解ってくれたみたいや」と、お母さんとの変化と自分の感情を伝えてくれました。

　次の週の数学の時間に、Nちゃんの大好きなI先生が「いこか」と誘いに来られると、「エーッ！」といいながらベッドの方に後ずさりしていきました。少々調子が悪いようです。そこで、10月26日はNちゃんの誕生日。心に痛手を受けているNちゃんに対して、AちゃんやMちゃんたちとささやかなパーティーをすることになりました。H先生はスイートポテト、私はクッキーを作って、Aちゃんたちは飾りつけのリボンや誕生日カードを作って準備しました。その日、私は子どもの1歳6か月健診のため後半休を取ってしまったのですが、放課後、保健室の飾りつけをしている時に問題が発生してしまいました。Nちゃ

んをびっくりさせるために、NちゃんとH先生は本を借りに図書室に行き、その間に、AちゃんとMちゃんが飾りつけをしていました。そこへ部活でケガをした生徒がやって来たので、「今、先生いないし、後で来て」と彼女たちが言ったようで、その生徒が部活へ戻ると、顧問のO先生が「どういうことや」と保健室に来られました。「なにやってるんや」ということになり、図書室から戻って来たH先生が呼び出され、どういうことかという話になってしまいました。せっかく、Nちゃんに元気を出してもらいたい思いで計画したささやかなパーティーはなくなってしまい、Nちゃんは、「私のせいでみんなが怒られたんや」と、かえってしょんぼりすることになってしまいました。

　彼女の状態とこれからの方向性が、学年の中で話し合われることがないまま2週間が過ぎ、その中で誕生日会のこともあり、保健室の使い方にからめて意見がだされ、その不満が全面的に保健室に向いてきました。学年会で、保健室登校をしているAちゃんとNちゃんのことを話す時間を取ってもらい、今の彼女たちの状態と保健室での対応、考え方の記録をプリントとして示し、学年としてはどうすることがいいのかを話し合いました。その中で出された意見の大半は、「長い目で見ていくことができればその子にとって一番いいと思うが、高校が決まる3月になって保護者からクレームが出ることがないように、保護者としっかり話しておく必要があること」、「保健室登校の子どもたちの保健室の使い方と、他の生徒との使い方」、「たくさんの子どもが保健室に来た場合、どうするのか」というものでした。

　この話し合いで、一定の方向性が学年の先生にも見えるようになり、Nちゃんは、自分の意志を大事にしつつ保健室登校をすることになり、現在に至っています。でも、意見の中で気になったことが何点かあります。それは、その子を中心に据えた考え方、意見から始まるのではなく、学校側の立場を中心にしたものや、とにかく受験が一番大事なんだという考え方でした。教師がこのような考え方をせざるを得ない社会のしくみをなんとか修正していかないと、明るい展望は見えて来ません。それから、担任の考え方や姿勢は、その子に大きな影響を与えていきます。以前から思っていたのですが、今回、同学年の、同性の複数の保健室登校の生徒にかかわって、そのことを強く感じさせられています。

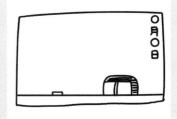

　その後、当時京都大学教授であった田中正人先生の学習会に参加しました。オーストラリアでは高校、大学の入試

はなく、受験勉強はないこと、国の役に立つ人をつくるので教育費は無料であること、そして、EU の大学は最高レベルのものがいつでも誰でも学べる所であり、14 才から地方参政権を与えようという動きもあることを知りました。日本では、"14 才は悪いことをするので罰しよう"という法案が通ってしまいました。子どもたちを、21 世紀を建設していける人に育てていくために、私たち大人がやらなければならないことはたくさんあり、常に 50 年 100 年先を見通しつつ、子どもたちとその日その日を共に教育的に過ごすことを心がけていきたいと思っています。

Q14 事例8と事例9の養護教諭の対応の違いを見つけてください。

事例8においては、中学生に対して「自分で考え、問題を明確にし、行動・解決できる人になるという課題」を達成していくために、まず護教諭が提示した K 子への課題は、「自分の現在の状況を第三者（養護教諭等）に伝える」ことです。K 子にとって、本心を伝えることは容易ではなく多くの時間を必要とするものでした。その中で、K 子は、彼女なりに考え、事情を知る友達に手助けしてもらうという策を取り何とか事情を伝えてくれました。

今この事例を振り返ってみると、随分、厳しい対応をしていたと反省してしまいます。養護教諭としての実績が短いため、生徒指導体制に逆らえず、できるだけ早く生徒を教室に返すことが先走り、じっくり待ってその子が伝えたいことを引き出せず、その子の取る行動をじっくり観察していませんでした。もし、養護教諭暦 10 年の時に K 子と出会っていたなら、一度、K 子のやりたいように一日中やらせていたでしょう。一日中保健室にいたいのならそのようにさせ、彼女の話を聴き、また話したくないならそれはそれで、ありのままの彼女を観察していたでしょう。そうすれば、K 子たちが、学校を抜け出すことはなかったはずです。学生が実習で記録してくる健康相談の記録から筆者がいつも指摘する誤りを、若かりし時の自分が犯してしまっていたのです。

しかし、K 子は過酷な課題を与えられつつもそれを一つずつ乗り越えていくことができ、まだまだ未熟ではありますが、「今度は、私が支えてあげる！」と言うところまで成長してきたのです。

事例9当時は、筆者の養護教諭暦は 20 年ほど経っていました。生徒のことを十分に観察し理解したうえでの対応となっていますが、学年担当の教師との考え方の相違が発生しました。その相違もカンファレンスを持つことで学年体制として一定の方向性をもって進めていくことができました。それは学年カンファレンスで養護教諭が示した SOAP と約2週

間のサマリーの記録が重要な役割を果たしました。保健室登校が始まってからの養護教諭と学年教員が対応した2週間分の記録は、3年生学年教諭全員の理解と今後の方向性を決定していく基盤となり、これまでの対応の方向性を大事にしつつ新しい支援対応を織り込んだものとなりました。教職員全体で連携し協力していくためには、こういった根拠のある分析された資料を確認しあうことが必要不可欠になります。

　その子どもの課題を見つけ、それを乗り越えるための支援をするためには、じっくりとその子どもを観察し話を聴き、その子を理解し、支援方法を考える必要があります。養護教諭がじっくりと子どもを観察し、じっくりと話を聴くのは、その子どもを理解するための多くの情報を集めるためです。また、子どもサイドから見ると、子どもが話をゆっくりじっくり聴いてもらう行為は、第三者に自分のことを理解してもらうために、話を時系列に並べつつわかりやすく、自分の感情や思いや考えを伝える場ができたということです。「話す」ということは、つまり「言語化する」ことです。言語化することは自分の考えをまとめ直し、述べることにつながります。それを人に伝える時、自分の耳にも聞こえてきます。聞こえたことを自分自身で確認する場にもなります。また、自分の言語化された事実や考えを再度確認したり、新しい発見をして考え直したりすることもできます。これはとても大切な教育的な営みです。つまり養護教諭が（大人が）子どもの話を注意深くじっくりと聴くことは、その子を理解するためでもあり、その子に対する教育の場でもあるのです。

　さて、このように一人一人の子どもの情報をたくさん集め、分析することでその子の課題をつかみ解決への支援を考えていくためにはSOAP記録は最適です。

③　課題をつかむためには…　（　　　　　　　）が重要!!

Q15　（　）には何が入りますか?

　POS（Problem-oriented system）記録とは、医療現場で使用されているもので、患者の問題解決を論理的に進めていく1つの体系です。SOAP記録、つまり、S（Subjective data）：主観的データ、O（Objective data）：客観的データ、A（Assessment）：評価（判断）、P（Planning）：計画（立案）という型で行っていきます。

　たとえば、これを学校における救急処置の場面で行っていくと、以下のようになります。

　昼休みに「頭がかゆいよ〜!」とやって来た小学2年生の男子がいたとすると、主観的データであるSは「頭がかゆいよ〜!」であり、客観的データであるOは、5パターンく

らい異なる場合が想定されます。ということは、評価（判断）であるＡも計画（立案）であるＰも５パターンということになります。

SOAP（救急処置時の記録）

児　童・生　徒	教　師	アセスメント
①Ｓ：「頭がかゆいよ〜！」 Ｏ：問診 いつから→昨日から どこが→頭全体と体 どんなふうに→気持ち悪い どうして→ずっとお風呂に入ってない **観察** フケ（＋）腫脹（−）発疹（−）口唇色良好、Vital sign　Ｐ（72）Ｒ（20）Ｔ（36.2） 衣服汚れ（＋）　家族構成義理の父　母　妹（現在の父と母の子） 匂い（＋＋）　右上腕傷と内出血（＋） 左大腿部内出血３か所（＋） 痩身（＋）朝ごはんを作ってもらえない	① 左記の状態（問診、観察）により、義理の父による暴力的虐待と母によるネグレクトの可能性が考えられる。管理職、担任と相談する必要がある。場合によっては、児童相談所に通報する必要あり。	１．担任、管理職に連絡 ２．担任、管理職と相談し、今後の対策を決定する。 結果・ 　・ 　・
②Ｓ：「頭がかゆいよ〜！」 Ｏ：問診 いつから→何日か前から どこが→頭全体と体 どんなふうに→掻かずにはいられないかんじ どうして→汗をかくとなる **観察** 腫脹（−）発疹（−）口唇色良好、Vital sign　Ｐ（72）Ｒ（20）Ｔ（36.2） 肘膝首など苔癬化皮疹（＋） 肘膝首など乾燥性皮疹（＋） 数日前より気温上昇30℃　梅雨のため湿度高い93％ 健康調査票よりアトピー性皮膚炎（＋） 現在内服薬（−）塗布剤（−）	② 気温・湿度の上昇のため、アトピー性皮膚炎が悪化していると考えられる。これ以上悪化させないため家庭に連絡し、受診を勧める必要がある。	１．冷水・氷などでかゆい部分を冷やす。エアコンで除湿実施。 ２．保健室からの所見のプリント（手紙）を持ち帰らせる。内容を担任に連絡する。 ３．２〜３日後、受診の結果と皮膚の状態を確認する。

③S：「頭がかゆいよ〜！」 O：いつから→昨日から どこが→頭全体 どんなふうに→めっちゃかゆい どうして→わからん **観察** フケ（−）腫脹（−）発疹（−）創傷（−）口唇色良好、Vital sign　P（72）R（20）T（36.2） フケに似たものが髪一面に（＋＋＋）可動性（−） クラスの児童頭ジラミ（−）	③ フケに似たものが髪一面に（＋＋＋）可動性（−）。このことより頭ジラミの可能性が強い。顕微鏡で確認する必要がある。（＋）ならば、家庭連絡とともにクラスの他児童の様子を確認する必要がある。	1．シラミの卵の有無（顕微鏡検査） 2．担任に、他児童の様子確認してもらう。 3．帰りの会の前に全クラスへの連絡とプリントを配布 4．（＋）の児童への家庭連絡プリントの配布 5．職員打ち合わせ時の連絡を行う。 ・全クラス朝の健康観察時に頭ジラミの検査実施 ・発見時は、すぐに保健室に連絡し、児童を来室させる。
④S：「頭がかゆいよ〜！」 O：いつから→中間休みから どこが→頭 どんなふうに→とてもかゆい どうして→何もしてないのに **観察** 頭部発疹（＋）首・上腕・背中に紅斑（＋）、丘疹（＋）、水疱性発疹（＋＋）口唇色良好、Vital sign　P（72）R（20）T（37.2） 健康調査票より水痘の既往（−）、水痘予防接種（−）	④ 頭部発疹（＋）首・上腕・背中水疱性発疹（＋＋） 水痘の既往（−）、水痘予防接種（−）より水痘の可能性が強いと考えられる。 直ちに家庭連絡し、受診させる必要がある。保護者の迎えがあるまで、隔離する必要がある。	1．担任、保護者、管理職に連絡 2．早退の準備後、カウンセリングルームにて休養 3．保護者に受診と注意事項を連絡 4．他児童への健康観察強化
⑤「頭がかゆいよ〜！」 O：いつから→給食食べた後 どこが→頭と体も どんなふうに→とてもかゆい どうして→給食食べた後、昼休みに鬼ごっこしたら **観察** 昼食後運動（＋）胸・上腕などに蕁麻疹様発疹（＋）のどや目のかゆみ（＋）眼瞼腫脹発赤（＋）	⑤ 食物アレルギー（−）であるが、アトピー性皮膚炎（＋）などアレルギー体質は考えられる。給食後に運動し、その後左記の症状（胸・上腕などに蕁麻疹様発疹（＋）のどや目のかゆみ（＋）眼瞼腫脹発赤（＋）	1．管理職に連絡し救急車の手配、保護者連絡を依頼する。 2．児童の様子観察と記録を取り急変に備える。 3．呼吸停止の場合、CPRを実施する。 4．救急車の到着を待つ。

Vital sign　P（90）R（25）T（37.2）咳（＋）呼吸やや早く息苦しさ（＋）口唇色やや不良 健康調査票よりアトピー性皮膚炎（＋） ぜんそく（－） 食物アレルギー（－）	Vital sign　P（90）R（25）T（37.2） 咳（＋）呼吸やや速く息苦しさ（＋）（口唇色やや不良）出現のため運動誘発性アナフィラキシーと考えられる。エピペンは保持していないため、今後、急激に咳の増加や呼吸困難が悪化する可能性が考えられ、ショック状態になる可能性大のため救急車の手配が必要である。	

　学生たちは、この記録を大変難しいと思っていますが、次に示す SOAP 恋愛編を紹介します。大学 1 回生のMさんは、同じ学部の先輩のAさんのことが好きでたまりません。「Aさんと付き合いたいな」と思っています。このようにすると誰でも書ける気がしますね。皆さんは日記なども SOAP で書いているのではないでしょうか？

SOAP恋愛編

S：Aさんのことが好きでたまらない…Aさんと付き合いたいな

O：Aさん
　　付き合っている人いない
　　映画サークルに所属　木曜2限同じ科目履修
　　身長180cm　体重68kg　イケメン　性格優しい
　　来月映画サークルイベント有

A：身長180cm　体重68kg　イケメン　性格優しいなど私の好みの人である。Aさんは今付き合っている人がいない様子であるので、積極的にアプローチするには良い時期である。木曜2限の授業時がAさんにアプローチする最もベストな機会である。来月映画サークルイベントに関して来場者を多数募集しているためそのことを話題にできる。

P：1. 来週木曜2限はAさんの席付近に着席する。
　　2. 授業終了時Aさんを捕まえ、イベントのことを尋ねる。詳細を聞きたいのでと昼食に誘う。
　　3. 外見等含めベストの状態で臨む。

（S）は、主観的なデータですので、Mさんが常々思っている「Aさんのことが好きでたまらない…Aさんと付き合いたいな！」という感情的なものがきます。

（O）は、客観的データですので、「身長180cm　体重68kg　イケメン　性格優しい」などのAさんに関する客観的な情報がきます。

この（S）と（O）の情報から、お付き合いをするにふさわしいか、またどのようにすれば付き合える可能性が生まれるかなどを考察していくのが、（A）のアセスメントになります。

では、そのために自分（Mさん）はどう行動すればよいのかの具体策を出してくるのが（P）の計画立案となります。

このようにSOAPはどのようなものにでも利用することができます。子どもたちの何気ない話や行動や実態を書き上げていくことから、それを基にアセスメントを行い、何が問題で何を課題としどうしていけばよいのかを考えていくことができます。次の事例から、SOAPを展開していきます。

事例10　負けず嫌いのSさん

中学３年生のSさん。

中１の時、本校に転校してきたため、１年の時から友人はあまり多くなかった。２年になり、母が植物状態になった状況の中で、"きたない"などと言われていじめられたことがきっかけとなり、２年生２学期の中ごろから学校を休み始めた。中３になり、担任の働きかけにより５月20日から保健室登校を開始することとなる。

SOAP（Sさんの日々の記録）

児 童・生 徒	教 師	アセスメント
5月20日（10:00） 担任の勧めで、保健室になら来られるということで、本日より保健室登校が始まる。 「おはようございます」 少し戸惑った表情をしながら入り口に立っている。	「おはよう。M先生から聞いているよ。入って、カバン置いて、椅子に座ってね」	初対面ではあるが、Sさんは、自分が置かれている状況を、自分からいろいろと伝えることができる生徒であることが

「はい」

「うん。大丈夫。寝るの遅かったけど、8時半におきた」

「昼くらいに起きて、お父さんはもう仕事に行ってるから、一人で朝昼兼用でご飯食べて、あとはテレビ見たり音楽聴いたりしている」

「先生知っていると思うけど、私のお母さん、私が中2の時に仕事中に倒れたんや。お父さんとお母さんレストランやってたんやけど、救急車で運ばれて……。小学校の時はお父さんとお母さん仕事で忙しいから、おばあちゃんの家で暮らしていて、そこからT小学校に通っていた。中学になってから、両親と一緒に住んだんだけど、だから、小学校の友達はいない」

「お母さん入院しているけど、くも膜下出血で意識戻らない。植物人間なんや。お父さん、入院費のこともあるし、仕事2つしていて、帰りはいつも遅くて10時半頃。私は、ひとりで家にいるんや。けど、インコのピーコがいるから……」

「朝、起きるの眠くなかった？」

「そうなんや。いつもは、家でどのように過ごしているのか教えてくれる？」

「へぇーそうなんや」

「そうやったん」

「お母さんは、病気と闘って、お父さんは、お母さんとあなたのために2つも仕事をして頑張っている。あなたは、そんな両親のこと分かっているし、一人の寂しさを我慢しているんやね」

分かった。
・一人っ子であること
・小6まで両親と離れ、おばあちゃんの家で生活
・同じ小学校の友達はいない
・母：くも膜下出血で入院中 意識が戻っていないこと
・父：仕事で多忙
・1日中一人でいること

まずは、学校は「満更居心地が悪くない」という感覚を彼女が持つことができるようにしていく必要がある。そのために、ゆったりとしたスケジュール（学校に来る＝勉強をするというのではないもの）や課題を組んでいくことが賢明と考えられる。

5月21日（10:30）

「先生、おはよう！」

「おお、おはよう。元気？」

「昨日、寝るのが少し遅かったから、ちょっと身体がだるい」

「だるいけど、来たんやね」

「うん。先生、昨日の夜の○○（ドラマの題名）見た？」

「あっ、昨日は見逃したわ。どうなったか教えてくれる？」

「いいよ。あんな……」
と楽しそうにドラマの筋書きを話してくれる。

家で父との会話が少ないためか、保健室ではとても積極的に話してくれることにより、彼女のエネルギーは徐々に外に向かっていると考えられる。

「へー、よう分かったわ」「ところでな、今日はちょっとこれをやってくれるか？　ここに、1．私は、……　2．私は、……と10個あるんやけど、この続きを思いつくままに書いていってくれるか？」

Ｓさんが、自分自身をどのように考え、どのような価値観を持っているかを知るために心理テスト「20答法」を実施した。

「簡単やん」と言って、すらすらと書いていく。
1．私は、中学3年生の女の子です。
2．私は、さみしがり屋です。
3．私は、お母さんの看病を頑張っています。
4．私は、頑張って学校に毎日行きたいです。
5．私は、とてもおしゃべりです。
6．私は、しんどくても、学校に行かなければならないと思っています。
7．私は○○におばあちゃんがいます。
8．私は、掃除、洗濯、炊事をします。
9．私は、父の帰りが遅いので、夜遅くまでおきています。

学校に "行きたい" "行かなければならない" "行けるか" 等の文字から、登校しようとする思いが強く出ている。

10. 私は、学校に休まず行けるか心配です。 「書けたよ」		しかし、まだまだ「～ねばならない」という意識が強く感じとれるため、保健室に継続して来られていることを大きく評価することが大切である。
	「早く書けたんやね。ありがとう」	
5月23日（10:10） 「先生おはよう。今日は、ここに来る前に職員室によってきたよ。担任のM先生と話してきた。もう直ぐ、家庭科のパジャマ持ってここに来る」		保健室以外の学校施設に顔を出すことができることは、彼女の行動範囲を徐々に広げていく面で評価できる。
	「3年生は、今、家庭科でパジャマの製作しているもんな。M先生ここで作っても良いっておっしゃったんか？」	
「うん。だから、持って来てくれるんや」		
	「私は、裁縫がへたっぴーやけど、Sさんは、どう？」	
「けっこう好きやで」 M先生がSさんのパジャマの材料を持って来られ、Sさんに説明された。Sさんは、質問をしながら聞いており、やり方も理解できた様子であった。		担任の教科が家庭科で、Sさんは裁縫が上手く興味があることで、保健室でのパジャマ作製は、彼女にとっては最適な教科課題と考えられる。
	「すごいな。裁断して、前身ごろをもう縫い始めているのか。やるな」	
「うん、がんばるわ」		
	「力、入れすぎんでもいいよ。ゆっくり、のんびりやり」	
「お母さんもそうやけど、私も負けず嫌いやねん」		
	「そうか。おっ、上手に縫えているやん」	

5月27日（11:00） 「先生、私、小学校が皆と同じところと違うし、中1のときに転校してきたから、友達あんまりいないねん」		
	「そうか」	
「お母さん入院して、洗濯とか掃除とか身の回りのこと自分でせんとあかんし、皆に"汚い"とか言われていた」		自分がどうして学校に来られなくなったのかを自分自身で分析することができていることより、Sさんはよく考えることができる生徒である。 また、保健室ならば、毎日登校できている自分を認め、この調子ならば、続けて登校できそうだと予測をつけていることより、今のSさんには、このペースで進めていくことが適合していると評価できる。
	「皆、人のこと分からないくせに、あれやこれや言うんやな」	
「だから、2学期ごろから、学校に来るのしんどくなった。でも、今、ここなら来られる。先生、無理にあれせい、これせい言わへんし」		
	「まあ、のんびりいこかということや」	
給食・昼休み 弁当は、自分で作って持って来ているが、電子レンジで温めるレトルト食品をつめてきている。野菜が少なくバランスが悪い。		
	「すごいな。自分で作るのか？」	
「そうやで」 放課後：担任より （保健室登校開始前） 家に行ったところ、本人は食事を作っていると言っているが、その様子はなく、ラーメンやインスタント食品の包装紙が散乱していた。部屋の掃除もできていなかった。電話や家庭訪問をしても居留守を使うことがある。メールボックスに手紙を入れることで連絡を取っていた。		父親の帰宅が遅いため、食事は一人の孤食となっており、栄養バランス良く摂取できているとはいえない。 食生活（生活一般に関しても）についてのアドバイスも必要である。

6月1日（11:00） 「先生、職員室行ってくるわ」 「行けるよ」 1時間後、保健室に戻ってきて、 「3年生のA先生とK先生と話していた。そして、3-1の部屋の落書き消すの手伝っていた。体育で誰もいなかったから」	「一人で行けるの？」 「3年生の先生方、話をよく聞いてくれるやろ。それと仕事も手伝えたし。今日はまた、世界が広がったね」	自分で動ける範囲内で、積極的に行動し、徐々に世界を広げていくことができている。教師側が指示を出すのではなく、自分で考えて行動できるように、環境を整え、彼女の思考を支援していく。
6月2日（10:40） 家庭科の時間にクラスメイトが誘いに来てくれた。その結果、1時間家庭科の授業（2時間連続の授業）を、家庭科室で受けることができた。 11：20　保健室にもどって来る。 「ちょっと疲れた」 「うん」 座って、ボーっとしている。 「やっぱり意識ないけど、私いつも身体拭いてあげているんや」 「うん。なんか、嬉しそうな顔してくれる気がするから」	「人が多いから疲れるよね」 「お母さんの様子はどう？」 「すごいやん」 「意識ないけど、お母さんには分かるんやね」	友達が誘いに来てくれたことで、少し大きな集団（女子だけの集団ではあるが）に出て行くことができた。しかし、1時間でも疲労感が強くあるため、「できたり、できなかったり」することが当然であることを教師が理解しつつ、課題のレベルを上げていかずに今後、同レベルを保持しながら様子を見ていく必要がある。

　以上が5月20日から6月2日までの、1日ごとのSさんの実態と、そこから考えられることをアセスメント（Assessment）した記録である。次に、これを含め、5月・6月末までの経過をまとめたサマリー（Summary）を作成すると次節のようになる。

3) それぞれの課題を見つけるためには ―SOAP Summary―

　毎日の日々の記録が1週間、1か月等、ある程度蓄積されるとそれをまとめ、これまでの情報に基づきアセスメントを行い、今後、この子をどのようにサポートしていくべきかプランを立てることができます。これが、サマリーということになります。日々のアセスメントやプランではなく、もう少し長期的な目標や課題を設定し、それを獲得するための具体的な計画をスモールステップで立てていきます。

3年生Sさん　5・6月のSummary

【家族構成】

　父親と母親（199〇年4月からくも膜下出血により植物状態で入院中）と本人。

　小鳥1羽。父は入院費・手術費のために働くことで精一杯の状態であり、正規の仕事の他にバイトもしながら働いており、帰宅はPM10時30分と毎日遅い。

【経過】

《小学生のころ》

　両親が食堂を経営しており多忙なため、祖母の家に預けられていた。周囲には自然が多く、少人数の小学校で毎日活発に過ごしていた。小6のころは区域外通学をする。（両親のもとに帰ったためH学区となるが、そのまま続けてバスでT小に通う）

《中1、中2》

　小学6年まで校区外の小学校に通っていたため、中学1年の時から友人はあまり多くなかった。

　中学2年になり、母が植物状態になった状況の中で、"きたない"などと言われていじめられたことがきっかけとなり、2年生の2学期中ごろから学校を休み始めた。

《中3》

　現時点で、合計21日間の出席。

　担任の働きかけにより、5月20日より保健室登校開始。

　家では話を聞いてくれる人がいないためか、保健室ではとてもよく話す。母親が倒れた時のこと、今の母親の状態や、自分が体をふいてあげること、元気なころの母親のことな

どを中心に話が進む。母親をとても尊敬していることがわかる。

体調を崩していることや不登校状態にあることを含めて、校医のS先生に受診し、週1回の割合でカウンセリングを受けている。

1～2時間程度授業に出られることもあるが、ほとんどは保健室で過ごす。クラスメイトが誘いに来てくれると、教室に行く方向で努力する姿勢が見られる。（行ける時と行けない時がある）。

《友人は、3年10組Kさん、3年6組Aさん、3年6組Bさんの4人組》
学習面では、カバンの中に筆記用具は入れてくるが、教科書は持って来ない。
家庭でも問題集を揃えたりしているが、あまり開いていない。

日常生活については、食事もほとんど作っている様子はなく（本人はしっかり作っているようなことは言っているが）、ラーメンやジュース・お菓子類が多い。
部屋のかたづけもできておらず、ちらかしっぱなし。
欠席時、担任が家庭訪問や電話をしても居留守を使うことが多く、手紙やメモをメールボックスに入れることで連絡をとっている。

【Assessment】
「私は、……」（20答法）で書いてくれた文の中には、学校に"行きたい""行かなければならない""行ける"などの語が非常に多く書かれていることや、彼女の言動から、自分の中で多くの矛盾と葛藤を抱えていることがわかる。

このような状態の中で、どうにかして学校に行こうとしていることを大切に受けとめつつ、彼女が自分自身を発達させていくために、①少しでも集団（教室など）に入れるように、今まで通り援助をしていく（ただし無理強いはしない）、②学校や集団の雰囲気に再び慣れるために、できるだけ保健室以外の場所に出ていけるようにする、③学校での自分の役割や、何かひとつのことを成し遂げることができたという自信をつけさせていく、④自分や他者を客観視し、何が問題であり、どうすれば解決できるかを考える力をつけていく、⑤学校が楽しいところであるようにする。

以上のような方向で援助を行っていく。

【Plan】

①クラスメイトによる声かけ（呼びに来てもらう）

　　教職員による声かけ

②学校に来れば、保健室によらずに直接職員室に行く方向性で働きかける

　　・登校したことを告げに行く（2回できている）

③保健室以外のところへ出て行く

　　・二職で話を聞いてもらう　　　・グラウンドを散歩する

　　・教室を見に行く　　　　　　　・いろんな場所で手伝い

③パジャマ製作の継続

　　放課後にNさんと一緒に製作中

④教室に行けず保健室にいる時

　　・話を聞く

　　・自分の考えや状態を綴らせる（自己や他者を客観視していくため）

　　・プリント等　学習（できるようになれば）

⑤友人関係

　　Sさんの仲良し4人組が休み時間・放課後、保健室で話すことは、学年として容認する

4）SOAPでの毎日の記録やサマリーを作成することのメリット

　SOAP での毎日の記録やサマリーを作成することのメリットを、以下に示します。

1．養護教諭自身が、子どもたち一人一人をどのようにサポートし、教育しているのかを明確にすることができる。

　日々の、彼らが訴えたこと、養護教諭が観察した事実（バイタルサインや各症状、態度、言動、……など）を詳細に記録し、そこに、他の教職員（担任、部活顧問、教科担任、カウンセラー、……）や友人（他の生徒）からの情報、保護者や小学校からの情報をO（Objective data）に加え、そこから何が考えられるのかをアセスメントしていくと、記録をせずに頭の中だけでアセスメントした場合とは比較できないほど、新たな発見があります。また、日々の自分の言動の誤り等にも気づき、生徒たちに寄り添う正確なアセスメント（事実に基づいて科学的に判断・評価すること）を行うことができます。正確なア

セスメントがあればこそ、彼らへの力強い Plan を考え、実行に移すことができるのです。そして、Plan を実行した結果、その生徒の反応や考え、言動を観察し、それが新たな S（Subjective data）と O として記録され、その S と O に基づいて Plan の結果がどうだったのかをアセスメント（評価）することができるのです。良い結果が得られない場合は、どうすれば良い方向につなげることができるのかを考え、Planning をし直します。SOAP の記録は、1 つの問題が解決されるまでずっと継続して行われることになります。

2．SOAP 記録を用いれば、その子ども（児童・生徒）のことをよく理解することができる。

3．子どもとの信頼関係が深まる。

　多くの養護教諭は、何度も来室する子どもに対して、「あなたは、毎日来るね」「また来たの。教室に戻りなさい」「どうして 1 日に何度も来るの」と言ったり、何も言わないけれども、このような言葉を投げつけているのと同じような表情や態度をとってしまうことがよくあるのではないでしょうか？　これは、養護教諭自身が、その子どもを理解できておらず、その子が自分自身で問題を解決していくようなサポートを何もしていないことを現していることに他ならないのです。

　SOAP を用いることで、その子どものことを詳細に理解し、何が問題になっており、解決するにはどのような方法があり、それを子どもに考えさせるには、具体的にどうサポートしていくかが明確になった場合、養護教諭はその子どもに会うのが楽しみになります。今度、A さんが来れば、「Plan 1 を実施してみるぞ」と意気込んで待ち、A さんの顔を見れば、「また来たの」ではなく、「おっと、待ってました!!」とばかりに A さんに接することになります。そして、Plan を実施し、その結果をアセスメントしながら、また新しいPlan を作り、実施することにつながっていきます。

　その Plan が、その子自身に考えさせ、人格を大きくしていくものであるならば、養護教諭にとっては、すばらしい教育を実施していることであり、子どもたちにとっては、自分で問題解決をすることの意義や方法や誇りを獲得することになります。そのようなサポートや教育をしている養護教諭と、その子どもとの信頼関係は、言うまでもなく自然と深くなっていきます。信頼関係をどのように作ろうかと考える必要は何もないのです。逆に、SOAP記録がない場合は、解決策がないのですから、いつまでたっても問題解決はできず、「あなた、また来たの。どうして、毎日毎日来るの」という言葉を繰り返すことになってしまう

46

のです。

４．専門職としての仕事を実施している。

　私たち養護教諭は、ドクターには及びませんが、学校の中での唯一の医学的分野での専門職です。専門職として救急処置を実施した場合、SOAP での記録を残す必要があります。子どもたちの訴え（S）から、問診、視診、触診、検査を通して、専門職として観察したdata（O）を収集します。そして、他の情報（保健調査票、健康診断票からの既往歴、家庭環境、クラスでの様子、友人関係、部活での様子、学業成績……）も収集し、あらゆるdata（O）から、アセスメントを実施します。この時のアセスメントは、①医学的に傷病はないか、②心理学的に問題はないか、③教育学的側面からはどうか、を含めて実施していきます。まず、大前提となるのは、命にかかわること、すなわち医学的に問題はないかを判断する必要があります。学校現場でそういった記録が残されているでしょうか？　学校現場の救急処置の記録は、S（子どもの訴え）とO（観察した情報）とP（行った処置）はあるが、一番大切なA（アセスメント）がない記録になっているのではないでしょうか。

　例えば、軽い擦り傷や切り傷の場合でも、もしSOAPで記録したとすると、傷に消毒をすることに関するアセスメントはどのようになるでしょうか。

　10 年くらい前から学校現場でも湿潤療法が徐々に浸透してきており、消毒をすることは否定されています。しかし、多くの学校では、まだまだ、軽い擦り傷・切り傷に対して消毒薬を用いて対処しています。医学的、科学的に否定されていることを何故教育現場では、いまだに実施するのでしょう。それは、アセスメントをしていないからです。傷ついた細胞を含め、その周りの正常な細胞をも消毒薬は破壊してしまい、治りを遅くしている事実をどう説明するのでしょうか。これは子どもたちを中心としたSOAPがなされていないことの現れです。湿潤療法がなかなか浸透しない理由として「予算が足りない」「消毒しないと子どもが納得しないから」「湿潤療法が、まだ家庭に知られていないから」という声があがっています。しかし、子どもたちの心身を中心に考えると、当然、消毒することは、身体に負担を与えていることになります。知識の普及がまだなので実施しないという理論は、子どものことをもっとも大切にしなければならない教育の理論に相反します。このように考えると、一刻も早く湿潤療法の知識を広め、学校で実施していく方向でPlanを立て実施していく必要があります。記録に残さず、アセスメントを怠ると、そのことが明確になりにくいと考えられます。

　子どもたちの心の面や発達においても同じことが言えます。病院のカルテはもちろんの

こと、特別支援教育の領域では、緻密な個別指導計画を立てて、それぞれの子どもたちに適した課題を提起、実施し、記録を取り、アセスメントした後に新たな課題を出していきます。保健室においても同じことです。

　養護教諭には、心理的観点で子どもを把握する力が求められていますが、スクールカウンセラー（SC）とは類似する点と相違する点があります。

　類似点は、心理学的分析を加えたアセスメントを実施できることです。

　スクールカウンセラーは、今のところ週に1日程度のみ学校に配置されますが、養護教諭は毎日居り、子どもたち一人ひとりを常時把握することができます。養護教諭は心理学的知識やその専門性において、一定のレベルは保持していますが、スクールカウンセラーには及びません。しかし、心理学の一定のレベル（不足しているところは専門家の援助を借りながら）があることと、子どもたちを常時把握できる状況にあることにより、心理学的分析を加えたアセスメントを実施できます。

　相違点は、教員であること、すなわち教育に携わっていることです。子どもたちの人格を育て上げるために、その発達段階に適合した課題を子どもに提起していくことが、スクールカウンセラーとは異なる点の1つです。そのため、教育的観点からのアセスメントを実施します。この点が特に重要で、教育的観点からのアセスメントをするためには、前述したように「教育とは何か」「子どもたちをどのような人間に育て上げたいのか」「そのような人間になるには、子どもたちがどのような力をつければよいのか」という視点を養護教諭各自が持っている必要があります。そして、養護教諭としてのすべての仕事の場面を通じて、子どもたちに「その力」をつけることを目指すのが、私たちの仕事の醍醐味です。

　私たち養護教諭は、医学的、心理学的、教育学的な要素を兼ね備えたアセスメントを行うことができるはずなのです。こういったアセスメントができて初めて、私たちの専門性が発揮されたことになります。医学的、心理学的、社会福祉的専門機関へとつなげなければならない問題や事例は、コーディネーターとして専門機関へ引き渡す必要があります。そして、専門機関と協力して、その子どもに対処していきます。しかし、学校現場では、少しの教育的なサポートを必要としているだけの場合が多々あります。そういった子どもたちを早期に発見し、スムーズに問題解決していくために、このSOAP記録法は大変役に立ちます。また、量と質の整った記録（SOAP記録）があれば、養護教諭一人で子どもをサポートするのではなく、担任、管理職、SC、SSW（スクールソーシャルワーカー）、専門機関、保護者、地域等でのチームケアを実施しやすくなります。

　学校生活における、子どもたち一人ひとりのカルテがSOAPの記録です。これがあれば、

Assessment や Planning を多くの専門家で考えていくことが可能です。それにはまず、養護教諭が質の高い SOAP の記録をとれる力量をつける必要があります。それができなければ、養護教諭の専門性とはどこにあるのか分からなくなります。来室する子どもたち一人ひとりに寄り添ってサポートすることの基本は、この専門性を私たち養護教諭が発揮することです。

　要するに、私たちの専門性は「子どもを理解するためのあらゆる情報を収集（SとO）し、そのことから考えられることを医学的、心理学的、教育的な3つの側面からアセスメント（A）し、その子どもにあったオーダーメイドの解決策（P）を立て、その解決策を子どもが実行していくことを支援する」ことなのです。

　関西福祉科学大学の健康福祉学部　健康科学科で養護教諭になるための科目を学修し、現在、各都道府県の小中高の養護教諭として勤務し、常に子どもたちを中心とした対応や支援を考え、また、自分自身を磨き上げている先生方の事例を読んで学んでいきます。

事例11　登校から保健室、保健室から教室へ（その1）

　初めて養護教諭として赴任した小学校で、登校時に皆と同じ通学バスに乗らず、毎日父親に送ってもらう小学校2年生Eさんと出会った。始業式や入学式などの行事が終わり、本格的に授業が始まろうとしていた頃、Eさんは泣いて登校を渋る日が続いたため、担任と私は毎朝、駐車場へ迎えに行った。父親はEさんを強引に車から降ろし、

　「すみません。今日もよろしくお願いします」

　と申し訳なさそうに頭を下げてすぐに仕事へ向かった。Eさんは、

　「嫌だ！　行きたくない！」

　と泣きながら訴え、車の奥の方に移動して抵抗するが、父親の力に負け、抱かれて車の外に放り出された。Eさんは担任に抱かれて泣いているが、担任に、

　「大丈夫よ！　よく来られたね。今日も頑張ろうね」

　と声をかけられると、黙って仕方なくゆっくりと校舎へ向かったが、教室に入れないので、まず保健室で様子を見ることになり、担任は教室へと向かった。

　保健室に入ると、私は、

　「座ってゆっくりしてね」

　と椅子に座るように言い、ティッシュを渡す。Eさんは座って涙を拭き、鼻水を出し、お茶を飲んでボーっとしている。保健室内を見渡し、保健行事予定を書いているホワイトボードをよく見ていた。

　「〇〇日、内科検診あるん？」と急に話し出す。

　「〇〇日に、内科検診あるよ。どんなことするか覚えている？」と話題を広げると、

「服、脱ぐ？」とEさん。

「脱ぐよ。心臓の音聞いてもらうよ」

「えー、嫌やな」

「お父さんね、ビール飲むんやで」と急に父親の話をし出した。

「お父さん、ビール飲むんや。お母さんは？」と聞くと、

「飲むよ。たまに。ちょっと」と言った。

「お母さんはちょっとなんやね。お父さんはいっぱい飲むの？」と聞くと、

「2本とか、3本とか飲む。タバコも吸う」

「Eちゃんは、タバコのにおいって大丈夫？　先生は苦手で、苦しくなるんやけど」

「大丈夫。お父さん、外でタバコ吸っているから」

と言った。

　Eさんは気分が落ち着くと、家族や友達、休日の話など、初対面とは思えないくらい自分からよく話した。私は、Eさんが突然、話題を変えることが気になった。思いついたことはすぐに質問したくなるタイプの子だと思った。彼女は話すことで気分は落ち着き、笑顔になったり、保健室内をウロウロしたり、元気になっていく様子が見られた。30分から1時間程話すと、会話の間に「そろそろ行ってみる？」や「行けそうかな？」などと聞き、教室に行くことを促した。Eさんは「うん！」と明るく言ったり、自分からランドセルを背負って準備をしたり、「チャイム鳴ったら行く」と言ったりした。話した後のEさんは、元気で明るく保健室を出て、小さな声で話しながら廊下をゆっくり歩き、私と一緒に教室へと向かった。

　このような状態が数日続いた。Eさんは保健室にいるとき、他の来室者が来たり、隣の教室や廊下からにぎやかな声が聞こえたりすると身を隠そうとすることがあった。玄関から保健室へ向かうとき、人がいれば後ずさりした。また、保健室に行く途中にある1年生教室の前を通るときは必ず走った。周囲の音やにぎやかな声に敏感な様子が分かる。また、教室での様子はどのようなのかと思い、担任のM先生に聞くと、

「Eちゃんに『なんでT先生（前担任）じゃないん？』って同じこと何回も何回も聞かれるよ。不安なんかな。T先生の方が良かったんかなって思ってしまう」

「そうですか。バスのことは何か言っていましたか？　嫌とか、早起きができないとか」、

「他学年の児童と一緒に大勢（24名）で乗るバスが怖いと思っているみたい」

　ということだった。

　これらのことから、新学期で教室の場所が1階から2階に変わったこと、担任が変わっ

たことに対する不安が大きく、戸惑っている様子が分かった。

2年生を振り返ると

　2学期になると、Eさんは、登校時に泣くことが減り、機嫌よく車から降りてくる日が多かったため、駐車場まで迎えに行くのではなく運動場までに変更することを話し合い、試してみた。そして、Eさんがそれに慣れてくると少しずつ校舎側へ近付け、運動場、玄関の外、靴箱の前、と迎える場所を校舎の近くに変更した。M先生から母親にも連絡し、本人も母親も納得しているようだった。しかし、毎日笑顔で登校するわけではなかったため、泣いているときのみ、登校前に母親から電話連絡があり、M先生と私は駐車場まで迎えに行った。それを繰り返していたある日、M先生が教室から離れられない状況で私も保健室に来室者がいたため、迎えに行けなかった。するとEさんは一人で校舎へ入ることができた。その後Eさんは、一人で校舎へ入る日が増えていった。

　しかし、2年生を振り返ると長期休暇明けや月曜日には、朝の登校時に泣き、保健室で1～2時間ほど休養し、教室へ行くことが多かった。そして、一度教室に入れば、友達や担任と楽しく過ごし、再度、保健室に来ることはなかった。また、不定期だが、月曜日や三連休明けなどに欠席することもあった。

　登校時、父親が送って来た日は、強引に車から降ろされて泣くが、切り替えが早く、泣きながらも校舎に向かって歩いた。一方で、母親が送ってきた日は、Eさんが自分で車から降りるのを待ってくれ、駐車場でじっくりと話し、校舎へ入るのを見届けてくれるため、「帰る！」と言い出すこともあった。その結果、校舎へ入るまでの時間がかかった。母親は過度にEさんを心配している様子が窺えた。

このころのEさんへの支援・対策

　駐車場に登校したときは、Eさんと母親の2人から家庭での様子などを情報収集するため、できるだけ複数の職員で迎えた。担任はEさんに、今日の調子や家での様子などを聞き、欠席していた時の学級の話、今日の時間割と授業の詳しい内容等、1日の流れを具体的に説明した。少しでもEさんが安心して教室で過ごすことができるように、何時間目に何をするか明確な見通しを持たせた。養護教諭はEさんの体調や表情、泣き方、行動や仕草を見ながら、母親に家での様子や登校までの流れの情報を収集した。また、母親から、家庭での変わった様子や学校で配慮すべきことや、Eさんと母親が言っていることにすれ違いはないかを確認した。

3年生4月

　3年生の新学期、泣いて登校を渋ることが多かった。しかし、3年生の担任は1年時のT先生に戻り、3年生教室は2年生教室の隣で同じ2階だったためか、去年より不安や戸惑いは少ないようだった。ベテランのT先生は、泣いているEさんを駐車場で迎え、「Eちゃん、おはよう。よく来たね。行こうか」と明るく言い、Eさんを抱き、そのまま教室へ一緒に行った。少し強引だったがEさんはあまり抵抗していなかった。しかし、涙を流し、何も話さないまま教室まで歩いた。また、T先生は「私が行くから先生は（来なくて）いいよ」と私に言い、養護教諭が駐車場へ迎えに行くことは、ほとんどなくなった。そして、Eさんが、どうしてもT先生と一緒に教室に行けない気持ちが強い日だけ、保健室で休養した。

　一緒に保健室に来室し、T先生は、「休憩させてあげて。時間は30分までね。落ち着いたらおいでよ」とEさんに言った。彼女は、いつものように椅子に座って、ボーっとしている。私が、Eさんの隣に座って、

　「Eちゃん、おはよう。よく来たね。眠いの？」と話しかけても、黙ったままで無反応。そこで、Eさんが、自分から話しかけてくるタイミングを待ち、彼女の背中をさすったり、「今日はいい天気やね」と話してみたりした。Eさんは突然、「先生、これなに？」と机の上に置いてあるものを見て聞いたり、「昨日の放課後ね、」と話し出したりする。自分から話し出すと、会話が途切れないくらいよく話し、表情も明るくなる。担任と決めた時間になり、「Eちゃん、30分になったよ」と私が声をかけないと話が止まらない。しかし、Eさんは、決められた時間は守り、約束通り教室に向かった。

3年生1学期

　2年生と比べると、朝の登校を渋る日は少なく、担任が駐車場へ迎えに行かなくても、一人で教室へ行く日が続いた。しかし、週明けに休むことは続き、月曜日、火曜日、水曜日と連続で欠席することもあった。去年より欠席日数は増えたが、泣いて登校し、校舎へ入るまでに時間がかかることや保健室で休養することは非常に減った。欠席が2〜3日続くと、担任はこまめに家庭訪問をしたり、休憩時間に自宅まで迎えに行ったりした。担任の迎えによって一緒に登校する日もあれば、登校できない日もあった。私は、Eさんが駐車場や玄関先での迎えがないことに対して不安に思っているのではないか、登校時に駐車

場で泣いていても担任によって強引に保健室や教室へ行かされることが辛いと思っている
のではないか、去年とは違い担任に抵抗することが出来ないのではないか、だから、朝から
泣いているときは学校に行くのではなく欠席することを選んでいるのではないかと考えた。

3年生10月

　後期に入り、通学バスの時間とメンバー変更のタイミングで、Eさんはバスに乗って登
校した。私が靴箱前で登校した児童に挨拶をしていると、クラスメイトのKちゃんと一緒
に彼女が校舎に向かって歩いてくるのが見えた。いつも通り、「Eちゃん、おはよう。今
日も1日頑張ろうね！」と声をかけようとすると、Eさんから「先生！　今日はバスで来
た！」と言った。

　「え！　そうなん！　バス乗って来たん？」
と聞き返すと、
　「うん。Kちゃんと一緒に（バス停に）行った！」
　Eさんは元気で明るく登校し、笑顔だった。もうバスが怖いとは思っていないように見
えた。この日をきっかけに、バスに乗って登校する日が続いた。泣いて登校を渋ることや
保健室に来ることは、ほとんどなくなった。

4年生4月

　新学期、新型コロナウイルス感染症の影響で、4月は臨時休校や分散登校が続いたが、登
校は週に2回だけであることに喜んでおり、去年までと同様にバスに乗って登校した。新
しい担任は採用2年目の若い女性のN先生だった。ある朝、登校時にEさんに会ったので、
「新しいクラスどう？」と聞くと、「N先生、一緒に運動場で遊んでくれる！　嬉しい！」
と笑顔で話してくれた。登校時は、Eさんから話しかけてくることも多く、「バスに乗る
人、めっちゃ少ない！」、「学校におる人、少ない！」、「給食ないし、家で昼ごはん食べら
れるのが嬉しい！」、「家におるのがいい！　新しいゲームを買ってもらった！　毎日やっ
てる！」など、楽しそうに話した。

　給食が始まり、通常登校に戻ってからは、「これから毎日学校行かなあかんのか」と笑
いながら言う日もあったが、しばらくは登校を渋ることなく、バスに乗って登校していた。
1学期は不定期に欠席すること、登校を渋ることがほんの少しだけあったが、保健室に来
室することはほとんどなかった。

4年生8月

　新型コロナウイルス感染症の影響で2週間という異様に短い夏季休暇が明け、2学期は通常より1週間以上早く開始したが、登校を渋る様子はなく、始業式も今まで通り参加した。

　2学期が開始して3週間目の月曜日、泣いて登校を渋り、車で母親に送ってもらい駐車場へ登校した。担任と私は駐車場へ迎えに行くと、Eさんは車の中で泣いていた。頭痛を訴えたため、担任は「保健室でいったん休んでからおいで。頭痛いときは無理しなくていいよ」と言い、私も「保健室でゆっくりしよう。保健室は涼しいよ」と明るく声をかけた。Eさんは母親に「ほら、先生たちも言ってるし、保健室行っておいで」と声をかけられると、ゆっくりと車から降りた。配膳室から校舎に入り、保健室に到着したのは、登校してから10分後だった。保健室では、いつも通り椅子に座り、鼻水や涙を拭いた。この日から養護実習生が来校していたこともあり、すぐに泣き止み、実習生と楽しそうに話していた。Eさんと実習生は、以前から知り合いで家も近く、飼っているペットやゲームの話が中心で、よく一緒に絵をかいて過ごした。Eさんは話の途中でも突然話題を変え、実習生や私に「土曜日、Rちゃんと一緒に川へ行ってきた！」と話した。

　「そうなんや！　川、いいね。天気よかったもんね」と言うと、

　「暑かったわ」と笑う。

　「どこの川行ったん？」と聞くと、

　「〇〇川。Rちゃんのお父さんもお母さんも、ウチのお父さんもお母さんも行ったよ！」と家族総出で泳ぎに行ったことを話した。楽しい話をしているときは笑顔で自分から話題を変えてたくさん話すが、

　「Eちゃん、頭痛いのどんな感じ？」と会話の合間に私が聞くと、急に表情を曇らせて黙った。

　「まだ痛いとか、さっきよりましとか、もう痛くないとか、酷くなってきているとか、どんな感じか教えてほしいな」

　と言うと、うつむいて小さな声で「痛い」と言った。

　「Eちゃん、たくさんお喋りしていたから、もう大丈夫かなって思って聞いたんよ。まだ頭痛かったんやね。少しベッドに横になる？」

　と聞くとうつむいたまま首を横に振った。

　「ベッドに横にならなくても大丈夫なんやね。もう少し話す？」

　と聞くと頷き、すぐに表情が明るくなり、引き続き、川に行った話を実習生にしていた。

56

実習生との話が盛り上がっていたため、実習生から「何分になったら行けそうか、教室に行く時間を決めよう」と言ってもらうことにした。

　Ｅさんは実習生に「20分に行く」と言った。

　20分になって「Ｅちゃん、行こうか」と声をかけるが、Ｅさんはうつむいて表情を曇らせ、動こうとしなかった。

　「Ｅちゃん、どうするの？　自分で決めた時間、過ぎたよ」と声をかけると、時計を見て「うん。まだ」と小さい声で呟いた。

　「まだなんやね。何分だったら行けそうかな」と聞くと、

　「30分」

　「30分ね。わかった。もう少し休もうか」と声をかけると、Ｅさんは頷いた。Ｅさんは約束通り、30分に教室へ戻った。教室まで見送ると、教室からは皆がＥさんの名前を呼んで歓迎してくれている声が聞こえ、彼女は教室に入った。ランドセルをさっと片付け、途中からでもお構いなく２時間目の算数の授業に参加できた。

　２時間目終了後、再度保健室に来室。「先生、頭痛い」と訴えたが、座ってバイタル確認後は、気分良く話していた。業間休み終了のチャイムが鳴り、どうするか聞くと「しんどい」といい、３時間目も引き続き保健室で休養したいと言うため、担任に「Ｅちゃん、まだ頭痛いみたいで、まだ保健室にいるって言っています。熱とか体調に異常はなくて、実習生と楽しく話していますが、教室に行くエネルギーは出ないみたいです」と伝えた。担任は、「今日はゆっくりして、いいタイミングで来るように伝えてください。様子見に行けなくてすみません」という反応だった。

　４時間目が始まる前に、

　「Ｅちゃん、４時間目はどうする？」と聞くと、うつむいたまま無言だったため、

　「Ｎ先生はＥちゃんが行けそうって思ったタイミングで教室に来るように言っていたよ」

　「やめとく」と小声で答えた。

　「もう少し休憩しようか。Ｅちゃんが行けそうって思ったら、教えて」と声をかけた。４時間目もＥさんは、実習生と絵を描いたりゲームの話をしたり楽しく過ごしていたが、授業終了前に、「給食当番の仕事があるから」と言い、給食が始まる少し前に教室へ行くことを約束し、その後も元気良く話した後、給食前に教室へ上がって行った。

このころのEさんへの支援・対策

　Eさんが話すことで落ち着いた様子が見られた頃に、この後はどうしたいかを聞いた。Eさんは、泣くなどの心身の不調がみられるとき、自分で考えをまとめ、言葉にすることが難しい。「なんでもいいよ」のように全て自分で考えさせると黙ってしまうため、教員は彼女が行動に移しやすいようなヒントを与え、何も答えない場合は、担任または養護教諭が、裏口から校舎に入るか、帰って気持ちを落ち着かせてから学校に来るか、今日は1日ゆっくり休むことにするか、家で行くか行かないかを考えるか等、行動に移すための選択肢を与え、自分で決めさせた。

事例11 （その3）

4年生9月

　母親に送ってもらい登校し、Eさんは、車の中でシクシクと泣いていた。外に出ることはできなかったが、かばんや水筒を持とうと動き、行こうとしている姿が見られた。
　実習生と一緒に駐車場に向かうと、担任がEさんの背中をさすっていた。
　「Eちゃん、おはよう。今日もここまで来られて、えらかったね！」
　と声をかけるが、車の中で泣いており、まだ話せない。駐車場に6年のA先生が通り、「Eちゃん、おはよう。いつも運動会の練習頑張っているね。今日も暑いけれど、頑張ろうね！」
　と声をかけられるが、Eさんは泣き続けた。しかし、Eさんには、学校に行こうという気持ちがあり、ランドセルを握るが、背負うことはできない。泣き続ける彼女を見て母親は、
　「帰ってまた来ます」と言った。
　「帰るよ。いいね」と言われるとEさんは、無反応で、抵抗はしなかった。担任は、
　「一度家に帰って、気持ちを落ちつかせてからまたおいで」と声をかけた。
　この日、Eさんは、先日の眼科検診を欠席していたため、他校で検診を受けることになっていた。私は、自分で決めて行動する力をつけることに重点を置いた支援をするために、Eさんがしたいことは自身で決めてほしいと思い、
　「今日は先生と一緒にK小学校へ眼科検診を受けに行くけれど、お昼からだからね。1時半から。朝は家でゆっくりしておいで。眼科検診も行きたくなかったら、行きたくないってまた教えて。Eちゃんがどうしたいか決めていいからね」

と声をかけた。母親は車の扉を閉め、

「いろいろ段取りしてもらっているのにすみません。また連れてきます」

と申し訳なさそうな様子であり、Eさんはうつむいたままだった。

　2時間目終了後の業間休み、母親から担任に連絡があり、Eさんは家の玄関に座っていて動けない様子。母親が何を言っても動こうとしないため、担任は家庭訪問をすることになった。担任が学校を出発しようと駐車場に行くと、Eさんが、母親の車に乗って駐車場に来ていた。担任は授業のため私が対応することになり、駐車場に行くと、彼女は泣いておらず、表情も明るかった。

　「Eちゃん、来たんやね。えらかったね！」と声をかけるとEさんは頷いた。

　「一回帰ってからEちゃん家で一人だった？　お母さん、仕事に戻った？」

と聞くとEさんは首を横に振った。

　「お母さん、仕事に行かなかったんやね。家でお母さんとお話ししていた？」

と聞くと、頷いた。

　「Eちゃん、家の玄関から動けないって聞いたから、大丈夫かなって先生は心配したよ。自分で車に乗ったん？」と聞くと頷いた。

　「お母さんに無理矢理乗せられたとかじゃなくて？」

と笑いながら聞くと、違うと否定するように大きく首を横に振った。この時のEさんは、反応はするが、首を動かすだけで何も話さなかった。

　しばらく無言のままのEさんだったが、突然、

　「先生、ウチ、眼科検診行くん？」と聞いた。

　「そうそう。目の中に病気ないか見てもらうよ。前に、この学校でやったとき、Eちゃんお休みだったから、他の学校でするところに入れてもらうよ」

　「K小学校？」

　「そうそう。K小学校、知っている友達いる？」

　「わからん」と首をかしげた。

　「K小学校に車で行って1番に見てもらって、すぐ帰って来るよ」

　Eさんは黙っていた。

　「行く？　行きたくない？　どうしたい？」と聞くと、Eさんは首をかしげて悩んでいた。

　「Eちゃんが決めていいよ。今日は行きたくないなら、学校で勉強していても大丈夫やで。その代わり、眼科検診いつかは受けやなあかんから、また今度、違う学校で眼科検診しているところに行くか、直接病院でみてもらうかになるんやけどね」と言うと、

「行く」と返事が返ってきた。

「わかった。よく決めたね。行こうか！１時半からやから、１時に学校出発するんよ。給食食べてお昼休憩中なんやけど、１時になったら何も持たずに児童玄関に来てくれる？」

「うん」と頷いた。

「先生も、１時に玄関で待っているね。Ｅちゃん、また後で担任の先生に眼科検診行くって言ってね。先生からも伝えておくよ」

「わかった」とＥさんは頷いた。

時計を見ると11時になっていた。

「11時になったし、そろそろ行く？」と問うと

「行く」と動き出した。校舎側へ進みながら、「どこから入る？」と聞くと、Ｅさんは「こっち」と言い、給食ワゴン搬入口から校舎に入った。運動場に体育をしている人が見えたようで、彼らに見られないか気にしているようだった。保健室に移動し、３時間目終了のチャイムが鳴ると、前担任のＴ先生が保健室に様子を見に来てくれた。

「Ｅちゃん、よく来たね！保健室に向かっているの、運動場から見えたよ。えらかったね」と声をかけられると、Ｅさんはしっかりと頷いた。

11:20、担任が保健室に呼びに来てくれ、「Ｅちゃん、４時間目は体育で、みんな運動場にいるよ。見に行くだけでも行こう！」と言われると、Ｅさんは首をかしげたが、表情は明るいままで、拒んでいる様子はなく、どうしようと悩んでいるようだった。Ｅさんがすぐに拒否しなかったことから、行けそうだなと思い「よし、行こうか。とりあえず、保健室からじゃあまり見えないし、見えるところに移動しよう！」と背中を押した。Ｅさんは、児童玄関、職員室前、運動場と少しずつ進み、運動会の練習をする４・５・６年生の合同体育の見学ができた。

Ｅさんは、保健室にいたときに、「給食は保健室で食べたい」と言っていたが体育後に、同じクラスのＳちゃんから「一緒に給食食べよう！」と声をかけられ、迷っているように見えた。Ｅさんは首をかしげて、私の方を見たが、嫌そうな表情をしていなかったため、教室に行けると思い、「Ｅちゃん、せっかくＳちゃんが一緒に食べようって誘ってくれたんやし、教室で食べておいで。Ｏ先生（実習生）にも４年生教室へ行ってもらうように伝えておくよ」と励ました。Ｓちゃんが、「行こう！」と引っ張ってくれたため、４年生女子みんなで保健室に荷物を取りに行き、一緒に教室に行くことができた。彼女は教室で給食を食べ、教室に入ると元気で笑顔で明るく、しんどそうで何か我慢しているようには見えなかったと、実習生からは報告があった。

　13時頃、眼科健診受診のため、私とＥさんはＫ小学校へ向かった。Ｅさんにとっては、知らない人ばかりの初めて来る学校であるため、校舎へ入る前には「怖い」と言い、車から降りたものの、校舎へ向かう階段前で立ち止まってしまった。Ｅさんの背中を押し、「大丈夫よ。すぐ終わるから。ちょっと目をみてもらうだけ。ほんの一瞬！」と励ますが、Ｅさんは固まってしまい足が動かない。

　「Ｅちゃん、本当に大丈夫やよ！　何も怖くないし、Ｋ小学校の保健の先生もめっちゃ優しい先生！　Ｅちゃん、このＫ小学校の子どもたちより先に見てもらって、すぐに帰るから！」と何度も励まし、ゆっくり進んでは立ち止まり、戻ろうとするＥさんを引き止め、を繰り返しながら、校舎に入ることができた。校舎に入ると、他の先生に会っても、保健室前の椅子に他の学校の子がいても平気だった。健診を嫌がる様子もなく、Ｅさんは「もう終わり？」と聞くほど、予想以上に早く終わったことに驚いていた。

　車で学校へ戻る途中、Ｅさんは学校に早く戻りたいようで、「先生、早く」、「先生、（信号）青やで」と私を急かした。車の中では、「今、何時間目かな。何しているかな」と教室の様子が気になるようで、学級のことをよく話した。学校に着くと、急いで教室へ戻って行った。そして、放課後まで元気に過ごし、笑顔で下校した。

　しかし、翌日の木曜日、金曜日、月曜日、火曜日と欠席が続いた。4日間、朝の駐車場への登校すらなかった。金曜日、担任が家庭訪問をしたときは、「月曜日は行く！」と笑顔だった。火曜日、朝の登校もなかったため、担任は8時過ぎに家庭訪問をし、「連れて来られるようなら、連れてきます」と言っていたが、Ｅさんは登校しなかった。その後、担任との情報交換の様子は、

　「Ｅさん、泣いていましたか？」

　「泣いてはなかったです。でも布団から出られないようでした。布団に顔を埋めていて、こっちを向いてくれませんでした」

　「休むって自分で言っていましたか？」

　「うーん。お母さんに休もうかって言われたら、Ｅさん、安心したみたいで、ほっとしていました」

　「お母さん、なにか言われていましたか？」

　「Ｅちゃんが一歩も家を出ようとしないことを気にされているみたいです。運動不足とか体重とか」

　「土日も家出ていないんかな」

　「土日は遊んでいるみたいですけどね」

61

「土日遊んでいるなら大丈夫ですね。元気そうで何よりです」

「そうですね。土日も引きこもっているよりマシですね。明日は来てくれるかな」

「明日、どうしますか？」

「明日はそろそろ来てほしいな。今日は連れてきたかったです」

という具合だった。

翌日、8時前に母親から連絡があり、行こうとしているが行けない様子。9時までどうするか考え、再度連絡があるはずであったが、連絡はなく、担任から連絡すると、行きたいが動けずにうずくまっている様子であることが分かった。

2時間目終了後、担任が家庭訪問する。家で担任とEさんは少し話した後、一緒に登校した。保健室に登校したとき、表情は明るく元気そうだった。N先生が、

「3時間目は保健室でゆっくりして、先生たち（私と実習生）とたくさん喋りな。4時間目はどうするかを考えて、先生たちに伝えるんやで」

と言うと、Eさんは、「うん！」と頷いて担任と約束した。

保健室で健康観察をすると、「今日は頭痛くない。（10段階の内）2くらい」と痛みのスケール表を見ながら答えた。健康観察ファイルのEさんの欄は空白だったため、

「ここに書くわ。Eちゃんは今元気ですか？　調子はどうですか？」

「ふつう」

と言って、Eさんは、保健室内でソーラン節を踊ったり、ベッドに座って休みの日にRちゃん（4年生女子）家族と〇〇市へ遊びに行った話や、欠席で遅れているダンスを教えてもらった話をしたり自由に活動していた。

3時間目終了のチャイムが鳴ると、自由に動き回るEさんに「4時間目はどうする？」と聞いた。Eさんは動きを止め、ベッドに座り、「うーん」と声を出して首をかしげ、悩んでいるようだったが、表情が暗くなることはなかった。

教室に行けそうだなと判断し、

「4時間目、何するか知っている？」

「うん、知ってる。旗に絵を描く」

「運動会の準備やんね。絵を描くのなら行く？」

「行く」

「4時間目、運動会の目標を決めるんやって。時間が余ったら絵を描くみたい。5時間目は図工で絵を描くって担任の先生から聞いたよ」

「行く！」

と言い、Eさんは教室へ向かった。

　水曜日の昼休憩は全員で遊ぶと決まっており、Eさんもクラス全員で運動場に出て遊び、放課後、母親のお迎えにて下校した。いつもお迎えは祖父母だが、今日は母親がお迎えに来ることを分かっていたから、頑張れたのではないかと考えられた。

このころのEさんへの支援・対策

　再度登校したときは、Eさんの様子を職員で共有するため、養護教諭を中心に、職員室にいる者が彼女に声をかけた。自尊心を高めるため、職員全体があなたを心配していることを伝え、何時であっても学校に登校したことを認めた。校舎に入ることを渋っているときや、泣いているとき、すぐに教室へ行けそうにないときなどは、クールダウンさせる場所（駐車場の端、体育館裏の階段下、電信柱と壁の間、給食配膳室、和室などEさんが向かう場所）に一緒に移動し、落ち着いてからしっかり話を聴いた。Eさんが話しやすいように、また、家での生活についても知ることができるために、食事や睡眠、ゲーム、テレビ等の楽しい話をした。隣にいる時間を共有し、Eさんの興味関心があることについて話題を振ることで、泣き止み、話が弾んだ。Eさんが、初めは「うん」や「ううん」で答えていても、少しずつ自分から話題を広げたり、話を変えたりすることができるためである。

事例11（その4）

4年生11月

　Eさんは8時前に母親に送ってもらい、駐車場に登校する。登校の様子を知るために駐車場へ向かっていると、少し先に担任のN先生が駐車場に向かっていた。もう少し先には、Eさんがうつむきながら、ひとりで職員室の裏側までゆっくりと歩いている姿が見えた。しかし、Eさんは担任の姿が見えると何かを思い出したかのように車へと引き返した。車の前には母親が立っていて、校舎へ向かう彼女を見守っていた。Eさんは車の後方部にぴったりと引っ付いてボーっとしていた。車の後方で隠れようとしているが、車の中に入らなかったことから、学校に行きたい気持ちはあるが、駐車場から動けない気持ちの方が少し大きいようだった。母親は彼女の隣に立ち、「どうしたいん？」と優しく声をかけていたが、Eさんは反応しない。母親に「帰るか？」と言われると、Eは首を横に振った。私たちはEさんの横に立ち、肩をさすりながら見守った。私は「帰るのは嫌なんやね」と聞き返すと、Eさんは頷き、しばらくシクシクと泣いていたため、何も声をかけず、見守った。

すると、Eさんは泣きながら、

「いったん帰る」

「よく決めたね。いったん帰って落ち着いたら、また来られそう？」

と担任が聞くと、Eさんは頷いた。私たちは、

「えらいね！　待っているね」

「待っているね。先生はいつでも迎えに来るからね」

と伝えた。Eさんは頷いて、車に乗り、母親は、

「いつもすみません。また連れてきます」

と言い、私たちが、車の中のEさんに手を振ると、こちらを向き泣き止んでいた。

　10時半頃、校舎裏に母親の姿が見えたため、保健室横の非常口を開け急いで外に出ると、「他の学年が運動場にいるのが見えて、配膳室から入れないみたいで。ここから入ってもいいですか？」

と母親に言われた。一緒に駐車場に行くと、Eさんは車の中で、表情も明るく、ランドセルを背負っており、すぐに動けそうな感じであった。母親に車のドアを開けてもらうと、自分からゆっくりと降りた。「行こうか。保健室の横の非常口、開けてきたよ」と言うと、Eさんは校舎に向かって歩き出した。しかし、Eさんは母親に、「いってらっしゃい」と声をかけてもらったり、車から手を振ってもらっても、無反応だった。

　「また来られて、えらかったね」と声をかけたが、Eさんはまだ話さず、運動場が見える場所の手前で立ち止まったため、私も一緒に立ち止まり、壁から運動場を覗いた。

　「3年生いるね。2時間目の授業が長引いたから、休憩時間も延ばしてもらってるんやって。3年生、遊んでいるからこっちには気付かんよ。大丈夫。走ってあの壁まで行こう！」

と声をかけ、Eさんの背中を押しながら少し先の壁まで走った。すると、担任のN先生と前担任のT先生が校舎の中から校舎裏にいる私たちが見えたようで、

「Eちゃん、ここにおったんやね。来たん、えらいね！」

「ここから入る？」

と給食ワゴンの入り口を開けてくれるが、Eさんは首を横に振ったため、私が、

「向こう（保健室の横の非常口）から入ろうか」と言うと、Eさんは黙って歩き出した。校舎裏を歩いているときも、キョロキョロとあたりを見まわし、運動場の方から3年生が校舎裏にいる自分を見ていないか不安そうな表情だった。3年生が数人、校舎の中に向かってくる様子が見えるとEさんは保健室横の非常口へと走り、隠れるように保健室の奥側に

入り、椅子に座った。担任が保健室に来てくれ、

「Ｅちゃん、こっちから入ったんやね。また来てえらいやん。約束守ったね」

と声をかけると、Ｅさんは頷いた。

「４年生も２時間目終わるの遅くて、みんなまだ教室で休憩しているよ。先生、今から一緒に教室へ行くけれど、Ｅちゃんも一緒に行く？」

と担任に聞かれるが、首を傾げたため、担任の「じゃあ、ちょっと保健室で喋って、４時間目から来る？」という問いかけに、「うん、ちょっと喋ってから行く」と、これまでの首を縦か横に振るだけの反応ではなく、自分の言葉で意思を伝えることができた。

担任が教室へ行った後、

「よし、Ｅちゃん、喋ろう！」

と明るく声をかけると、Ｅさんはランドセルを降ろしながら

「昨日、○○市へ行ってきた」

「○○市いいな。お買い物？」

「そう。また鳥飼った」と嬉しそうに言った。数日前、飼い始めた鳥がその翌朝には弱って亡くなってしまい、Ｅさんはショックで保健室でもずっと泣いていたことがあった。

「また飼いたいって思ったの？」と聞くと、

「うん。家族会議した」

「そうなんや。どんな家族会議？」

「鳥の世話について。掃除とかエサとか調べた」

「そっか。家族３人でしっかり話し合いして、決めたんやね」

「そうやで！」

「名前、決めた？」

「うん！　○○やで！　前の鳥が△△だったから、○○にした！」

しばらく鳥の話で盛り上がり、Ｅさんはよく話し、よく笑っていた。あっという間に30分が過ぎ、私は「あ、もう11時やね」と言うと、Ｅさんは時計を見て、ランドセルを開け、宿題の確認など授業に行く準備を始めた。そして、ランドセルの中身と時間割を確認していると、「これ（理科ノート）、抜いて机の上に置いたのに、なんで入っているんやろ。しかも、社会の教科書ない」と泣きそうな震える声で言った。４時間目に必要な社会の教科書がなく、必要ない理科ノートが入っていることに気付き、泣き出した。それは、目をこすって、泣く真似をしているように見え、明らかに嘘泣きだった。泣く真似をしながらも途中で少し笑っていたため、「Ｅちゃん、泣かなくていいよ。ていうか、泣いている？

笑っている？　嘘泣き？」と笑いながら声をかけた。「えーん。えへへ。えーん。えへへ」と本気で泣いているようには見えなかったが、少しずつ泣く声が変わっていき、涙と鼻水を流し始めた。

　「Eちゃん、本当に泣いてるやん。ほら、鼻水かんで」とティッシュを渡し、「忘れ物しても大丈夫。先生に、忘れましたって伝えよう」と明るく声をかけるが、しばらく大きな声を出して泣き続けた。その時、Sちゃん（4年生女子）が怪我をして、保健室に来室したため、保健室奥にいたEさんが見えないように扉を閉め、Sさんの救急処置をしていると、Eさんの泣き声は静かになり、その後、Sさんが教室に戻ったことを伝えると、再度泣き声は大きくなっていった。

　「Eちゃん、ちょっとここで待ってね。職員室行ってくるね」と声をかけて職員室に行き、管理職に状況を伝えると、時間差で様子を見に来ることになった。教頭先生や校長先生、事務の先生に「どうしたんEちゃん！　そんなに泣かなくても大丈夫よ」と声をかけられると、少しずつ落ち着き、大きな声では泣かなくなった。4時間目が始まってもシクシクと静かに泣き続け、教室に行けそうな雰囲気ではなかった。事務の先生はしばらく保健室にいてくれ、Eさんの隣に座っていた。

　4時間目終了後、私は教室に向かい、担任に状況を説明して保健室に行ってもらった。私は4年生教室での給食指導に入り、Eさんと担任が1対1で話すきっかけをつくった。後から担任に話を聞くと、担任は「Eちゃん、忘れ物したのも悔しかったみたいなんですけど、4時間目の授業に行くと約束したのに行けなかったことが悔しかったみたいです」と教えてくれた。私は、「Eちゃん、泣いていましたか？」と聞くと、担任は「まだ泣いていました！　でも、もう十分泣いたかな、と思って、途中からわざとちょっと冷たく、『なに泣いてんの』って言ってしまいました」と言った。私は、「何分くらいに泣き止みましたか？」と聞くと、担任は「12時15分頃だと思います。給食食べに行こうよって声をかけました。お腹も空いていたんでしょうね。給食どうするか聞いたら、『教室で食べたい』って言っていました」と言った。私は「11時頃から泣き出したから、1時間以上泣き続けたんですね。教頭先生にも校長先生にも事務の先生にも来てもらって泣き止まなかったのに、N先生（担任）さすがです」と言うと、担任は「いや、さすがに泣きすぎやろって思って。本当によく泣きますよね」と言った。私は、「そのあと、教室ではどうでしたか？」と聞くと、担

任は「相変わらず、いつも通りです。教室に入ってしまえば、何事もなかったかのように楽しく過ごしていますよ。勉強もちゃんとするし」と言った。私は、「昼休みも外で皆と一緒に遊んでいましたね」と言うと、担任は「ちょっとだけ勉強してから、遊んでおいでって言いました。勉強、皆に追いつくためには、すごく溜まってきてるんですけど、せっかく学校に来たのに皆と一緒に遊べないと、それもそれでストレスになるかなと思って。今日は授業に出られたの1時間だけ。このペースじゃ、勉強終わらんかな」と言った。

このころの支援・対策

　Eさんが泣き止み、自分から積極的に話すようになり、表情が明るくなった頃に、教員が「行こう」と声をかけると頷いたり動き出したりすることが多い。何分に行くかを聞き、できるだけEさんが自分で決めた時間に教室へ行くようにするが、何も答えないときは、教員がいくつかの案を出し、Eさんに選択させた。登校時、駐車場から校舎に入るときや、クールダウンの場所から学級に行くときは、Eさんにとって莫大な量のエネルギーが必要で、大きな決断をすることになる。Eさんは迷い悩んでいると一人で決断することが難しいため、教員の声かけによって、自分の行動を自分で選択し、決定させることで、自分の力で考えることをさせた。他人に決められたことをするのではなく、自分で考えることで、行動に責任をもつことができ、自立することにつながるからである。休憩時間になっても動けないときは、学級にいる担任に声をかけ、クラスメイトによる声かけを行った。学級の友達が声をかけてくれることで、教室での楽しいこと、今からする授業の内容のことなどを具体的に知ることができ、今から何をするか児童同士でイメージすることができた。クラスメイトによる声かけを行うことで、Eさんの居場所は教室にあること、教室は楽しいところであることを知らせた。

SOAP

児 童・生 徒	教 師	アセスメント
1/20（水）遅刻 8時前、母親に送ってもらい、駐車場に登校する。車から降りられず、下を向いている。 こちらを向かず、下を向いている。 聞こえるか聞こえないかわからないくらい小さな声で挨拶をする。 「おはようございます」 「帰る！」と大きな声で泣きだす。 「……」 「……」 「また、来る」 今度ははっきりと答えた。 何時に来るか時間は言わなかった。 母親「また連れてきます。先生、いつもすみません」	担任と養護教諭は、駐車場へ迎えに行く。 担任・養護教諭「Eちゃん、おはよう」 担任は車の中へ入ってEの横に座る。目を合わせようと覗き込む。 担任「Eちゃん、おはよう！元気？　うつむいてどうしたん？　ほら、顔見せて」 担任「帰るんかあ。今日はね、1時間目はこの前の続き。○○で、○○するよ。2時間目は○○するよ。3時間目は…」と、時間割や教科の内容、1日の流れを細かく説明する。 担任「どうするの？　全部頑張ろうと思わなくていいから、好きな時間においでよ」 養護教諭「Eちゃん、自分が行きたいと思ったタイミングで、またおいで。先生、また迎えに行くよ。Eちゃんが元気に笑って来てくれること、楽しみにしているからね」 担任・養護教諭「いえいえ！また待っています」	Eは、車の奥側（教師とは遠い方）で座ったままうつむいている。ランドセルは背負っていることから、行こうと思っている気持ちは伝わってくる。しかし、車から出ようとする動作はなく、固まっていた。本当に自分の意志で来たのか、母親に連れて来られたのか。 担任はEに近づき、肩や背中をさすりながらゆっくりと話す。朝のEは行きたい気持ちより、行かなければならない気持ちが伝わってくる。 担任は、昨日休んでいたことからも、時間割や授業の内容、昨日勉強したこと、Eが参加した授業の続きであることなどを詳しく説明する。Eは、今日何をするかが分かると、安心する。授業が楽しみだと思って学校に来てほしい。何をするかわからないことが不安になっていると考える。① いきなり授業に参加しなければならないことはないこと、お家で少し休み、気持ちを落ち着かせ、元気になってから来てほしいことを伝える。

児　童　・　生　徒	教　師	アセスメント
		「また来る」と言うが時間は言わなかったことから、本当に来るかわからなかった（いつもは「9時半」や「10時」などと言うため）。
9時半頃、母親と一緒に配膳室に登校する。	用務員が養護教諭に声をかける。 養護教諭「Eちゃん、どんな感じですか？」 用務員「落ち着いています」 養護教諭「お母さん、すぐ行かれましたか？」 用務員「はい、とくに何の問題もなく」 養護教諭「そうなんですね、ありがとうございます」	登校した時の様子や表情、母親の様子、母親との分離はどうだったかが気になる。 今日のEは、母親との分離には問題なく配膳室にすんなり入ったことに安心する。
配膳室にある回転イスに座って、グルグルと回っていた。 「おはようございます」 笑っている。 「お腹すいた」 「食べたよ。パンとコーラ」 「食パン」 「食べたよ」と自慢気。 「7時とか」	養護教諭「Eちゃん！　おはよう！　来られてえらかったね！」 用務員も近くで見守っている。 養護教諭「今日も回ってるんやね」 「お腹すいたんや。朝ごはん、食べてきた？」 「どんなパン？」 「1枚全部食べた？」 「そっか！　何時くらいに食べたん？」	<u>回転イスに座って回るという行動が気になる。ローラーで動くこともあるが、自分だけがその場で回っていることが多い。以前保健室に長時間いたときも、急にその場で回りだすことがよくあった。回ることへのこだわりがあると考える。</u>② 笑顔で登校したことに安心する。母親と別れるときも泣く姿を見ることが減った（教師の見えないところで泣いているかもしれないが、涙の跡などはない）。 朝食摂取の確認。何を食べたか気になる。

児童・生徒	教師	アセスメント
「うん。お腹すいた」 と会話をしながらもその場でイスに座って回転していた。 「何も食べてない」	「なるほどね。1回目、来る前に食べてたんや。帰ってからは何か食べた？」 「何も食べてないんやね。それはお腹すくね」	母親に余裕があるときは朝からベーコンや卵を焼いてもらったり、昨日の夕食のおかずをたくさん食べてきたりしているが、今日はパンとジュースというようにあまり栄養満点の食事ではなかった。母親が急いでいたか、余裕がなかったか、Eがパンとコーラを望んだのか。最近、食欲が増し、食事の量や回数が多いことがある。今日の食事はまだ1回。
「家で、ニュース見てた」 「うん。あの、お昼のニュース番組。坂上忍がやってるやつ」 「なんか、立てこもりの事件とか、マスクしてないからケンカとかの事件とか。なんか、他にもいろいろやってた」	養護教諭「Eちゃん、昨日、お休みしていたけれど、どんなことしてたん？」 「ひとりで？　どんなニュースだった？」 「あ、知ってる知ってる」 「お、すごい。よく見てるし、よく覚えてるね。先生もその事件、知ってるよ。Eちゃん、自分の部屋にテレビあるんやっけ？」	昨日の家での過ごし方が気になる。ひとりでいたのか、母親が行ったり来たりしていたのか、近くに住む祖父母が来てくれたのか。 <u>Eは、昨日見たニュースの話をよく覚えており、内容を上手に説明した。（興味があることには非常に詳しい。興味の偏り？）回転椅子に座り、その場で回りながらも、こちらを向いたときは目を合わせてよく話した。③</u>
「あるよ、ずっと見てた」 「そのあと、暇だったから『天気の子』見てた」	「お昼から、ずっと見てたんや」	自分の部屋にテレビがあることを知っていたが、再度聞いた。きっとお昼頃まで寝ていて、ベッドに横になりながらテレビを見ていたと考えられる。（以前から、休日はいつまでも寝ていると言っていたため。）

児　童・生　徒	教　師	アセスメント
「うん。前の録画」	「そっか、Ｅちゃん暇だったんや。天気の子、前にテレビでやってたね！　録画してたん？」	途中でトイレに起きることはないと言っていた。小４の児童のひとり部屋にベッドやテレビ、ゲームなどがあり、何でも揃いすぎていることが以前から気になっていた。自分の部屋の居心地が良すぎるのではないかと考える。
「うん。おもしろいで！」と話しながらも、椅子に座って回転していた。	「いいなあ！　先生も見たいと思ってまだ見たことないわ。面白かった？」	
回転していたのを止め、時計を見た。「うーん。38分」	「ねえ、Ｅちゃん、何分まで回っていたい？」	たくさん話し、表情も明るいため、そろそろ教室へ行けそうな気がした。回ることが楽しいのはわかるが、自分で時間を決めて、教室に行ってほしいと考える。
	「わかった。じゃあ38分まで回ろうか」	
しばらく無言で回っていた。回りながら、給食献立表を見ている。	用務員「38分まで、たくさん回っとき！　また呼びに来るよ！」と職員室へ戻る。養護教諭「給食気になる？お腹すいてるもんね」	ほんのあと数分後だった。すぐにでも行けそうだったが、自分が決めた時間に、自分の意志で動き出してほしいことから、38分になったら行くことに賛成する。
「うん。お腹すいた」		
今日の献立を読み上げる。「○○と○○と○○やって」	養護教諭「Ｅちゃん、今日の給食なに？」	食べることが好きで、給食のメニューを見ていた。学校に来る日の給食のメニューは、だいたい覚えていて、見なくても言える日が多い。（好きな給食の献立だから来る日もあるが、ハンバーグやカレーなどの人気メニューでも欠席することもある。以前、学校の給食が人気メニューのカレーだった日に欠席したときは、夕食にカレーを作ってほしいと母親にお願いしたと聞いた。学校に来にくいことは給食だけが原因ではないことがわかる。）
「うーん」	「いいね！　早く食べたいね！この中だったら、どれが好き？」	
自分から立ち上がる。靴をもって、玄関へ向かう。	用務員「時間ですよ」38分ぴったりに、用務員が配膳室に来て、声をかけてくれる。④	

児　童・生　徒	教　師	アセスメント
授業中のため、周りは静か。周りを気にしているが、運動場にも誰もいなかった。 階段をのぼるときも歩くスピードが落ちることもなく、普通に歩いた。 教室の前で少し隠れるようにコソコソしたが、皆が気付いてくれてすぐに教室に入った。 教室に入るとすぐに準備をして、何事もなかったかのように授業に参加した。 昼休憩は少し教室で遅れている分の勉強をした後、運動場へ遊びに行く。Rちゃん（小4女子　お泊りをするくらい一番の仲良し）と一緒にいることが多かった。 放課後、元気そうにRちゃんと話していた。 「今日はすき焼き！」と夕食を楽しみにしていた。	養護教論「行こうか。誰もいないし、静かやね」 「Eちゃん、いってらっしゃい」 しばらく教室での様子を見守る。 昼休憩、教室へ様子を見に行く。 放課後も、Eの近くに行き、様子や友達との会話を確認する。	自分から動き出した。曇った表情はせず、迷うことなくスタスタと歩き出した。皆に迎えられ、嬉しそうに教室へ入っていき、いつも通りのE。「いつも通りの自分」をクラスの皆に見せるまでに時間がかかり、「いつも通りの自分」を見せることが疲れる原因になっているのかもしれない。（「Eは疲れたと言っています」と母親から欠席連絡が入ることが多いため。）なんでもできる子、勉強ができてすごい子、と皆に思われていることからも、完璧でいなければならないというプレッシャーがあるのではないかと考える。 **本日の総合アセスメント** 棒線部―①②③④は自閉症スペクトラムの症状によくあてはまることより、その疑いがあると考えられる。専門機関での診断とそれに沿った支援と対策が必要である。

Summary
５年生に向けて　児童の様子　小学校４年生　Ｅさん

＜summary＞
【家族構成】
　父親と母親（共働き、公務員）、本人。去年飼っていた犬が亡くなり、現在鳥２羽を飼っている。自宅の何軒か隣に祖父母が住んでいる。お迎えなどに来てくれ、協力的である。

【経過】

〜前任養護教諭からの引継ぎから〜

《こども園の頃》

　家の近くのＵこども園に登園していた。登園時に母親との分離が困難で泣くことが多かった。休み明けには登園を渋ったり、不定期に休んだりしていた。

《小１の頃》

　長期休業明けや月曜日に登校を渋ったり、休んだりする。母親との分離が困難で泣くこともあるが、普通に登校できる日もある。友達といることより大人といることが多い。

〜出会い・関わり〜

《小２の頃》

　元気で明るいのが第一印象だったが、新学期で教室の場所が１階から２階に変わったこと、担任が変わったことに対する不安があった。通学バスに乗らず、毎日父親が車で送ってくる。年間を通じて、登校時に泣き、保健室で１〜２時間休養し、教室へ行くことが長期休暇明けや月曜日に多かった。一度教室に入れば、友達や担任と楽しく過ごし、保健室に再度来ることはない。

　給食はあまり食べず、牛乳は、いつも飲んでいなかった。

《３年生の頃》

　３年生の担任は１年時のＴ先生に戻り、担任は、少し強引だったが、時間通り教室に行くことができていた。担任と教室に行けない日のみ、保健室で休養時間を決めて休んだ後、教室に戻れていた。登校を渋る日は少なく、担任が駐車場へ迎えに行かなくても、一人で教室へ行く日が続く。欠席日数は増えたが、保健室で休養することはほとんどなかった。

　気になっていた給食は、皆と同じように食べられ、牛乳も飲んでいた。

　元気で明るく登校し、泣いて登校を渋ることや保健室に来ることは、ほとんどなくなった。

《４年生》

　新しい担任は採用２年目の若い女性の先生で、一緒に遊んでくれるのが嬉しいこと、コロナ感染対策により分散登校のため少人数の学校や少人数のバス登校、給食もなく半日で

下校できること、家にいる時間が増えたこと、新しいゲームを買ってもらったことなど、楽しそうに話した。1学期は不定期に欠席すること、登校を渋ることが少しだけあったが、ほとんど保健室に来室することはなかった。

2学期が開始して3週間目の月曜日、泣いて登校を渋り、車で母親に送ってもらい駐車場へ登校した。頭痛を訴えたため、保健室で様子を見ることにした。この日から泣いて母親に送ってもらい、保健室に入り、最長4時間半ほど休養した後、教室へ向かうことが続いた。

2学期は、運動会、学習発表会、持久走大会と学校行事が続き、欠席はあまりせずにいたが、12月は欠席も遅刻も増え、8時までに登校して一人で教室へ向かい、全ての授業を受けられたのは、2学期で16回だった。12月は終業式の日のみだった。

3学期は、登校時に泣くこと、駐車場に登校するが泣いて帰ること、一度帰宅しクールダウンした後に再度登校すること、帰宅前に「また後で来る」と約束するが登校しないこと、前日の夜から泣いていて朝起きられないこと、布団から出られずに起きようとしないこと、起きているが機嫌が悪く、学校に行く準備をしないことなどが続いた。3学期は2学期と比べて、欠席日数は増えたが、学校内で他の教室にいる児童に聞こえるほど大声で泣いたり、大暴れして学校外へ飛び出したり、保健室で熟睡したり遊んだりすることが減少した。

《4年生学習面》

漢字・計算などの単純な課題は得意であること、しかし漢字の書き順、長さ、止め・はね・はらいは自由で、計算のミスもあること、字は丁寧なときもあれば雑なときもあること、絵を描くこと・作品の造形などの図工は好きで進んでするが、表現が硬くて雑である。教室では、気持ちが昂っていることが多く、異様なくらい1日中笑顔だったり、興奮していたり、授業中勝手に発言したりすることがある。

＜学校での支援・対応＞

別室などでのクールダウン中に、机の周りを回ったり、回転椅子に座って何分間も回り続けたり、急にその場で回りだしたりすることが頻繁にあるが、否定せず見守り、後に、情報を共有した。また、長期休暇明けや週明けなどの新しいことが始まるときや時間割の変更などの変化が苦手で、気持ちが不安定になったり、何事にも敏感になったりした。「え？なんで？　変わったん？」と戸惑った様子が見られたときは、経緯や理由を具体的に説明

し、時間をかけて理解させた。

<assessment>

　保健室で頻繁にかかわりを持った４年生２学期から得た情報を総合すると、自閉症スペクトラム障害の傾向があり、特別な支援が必要であると考えられる。不登校傾向は、自閉症スペクトラムによる二次障害と考えられる。まず、スクールカウンセラーや教育相談巡回教員などと協力し、専門機関の受診を勧め、E特有の発達の凸凹や得意不得意を理解したうえで、集団生活や教育活動に取り入れていくことが何よりも重要であるといえる。

　また、行事があるときは、何事もなかったかのように、泣くことなく学級の一員として皆と同じように参加できるが、通常授業では登校を渋る。このことから、普段の授業では、学校へ行く楽しみを自分で考え、学校へ行くという行動に移すことが困難だとわかる。このような状態の中で、どうにかして学校に行こうとしているEの気持ちを大切に受け止め、自分で考えて行動に移していくために、以下のような支援が必要である。

　(1) 自閉症スペクトラムの子どもは集団生活が苦手であるため、今まで通り、一人になれる場所を提供する必要がある（配膳室・保健室・図書室・校長室等）。(2) しかし、集団生活の中から学ぶことは多々あるため、人との関わりの中で、E自身が楽しいことや辛いことなどの様々な経験をし、成長発達するために、「楽しい」や「しんどい」などの感情から、自分で考えてうまく行動していく力を身につける必要がある。そのために、①Eの好きなこと、得意なことを見つけ、伸ばし、学級の中の自分の役割や目標を達成できるよう支援する（自信と自己肯定感が高まる）。②運動会でのダンスの練習や図工の制作など得意なことは進んで実行できるよう支援する。③何をするか分からず不安にならないように、教師が事前に具体的な説明をした後、まずは、得意な授業や行事などに積極的に参加させ、「できた」という達成感や充実感を持つことができるようにする。(3) 保護者との連絡は今まで通り密にし、成長を共有していく。

<plan>

１．スクールカウンセラーや教育相談巡回教員などと協力し、保護者に専門機関の受診を勧める。

　①ケース会議を定期的に開催し、どのような目標をもってEに支援していくか具体的な計画を立てる。

②ケース会議の構成メンバーとしては、管理職、担任、養護教諭、特別支援教育コーディネーター、生徒指導担当教諭に加え、スクールカウンセラーや教育相談巡回教員にも参加してもらえるような機会を設けていく。

③保護者への専門機関受診につなげる説明を実施。

④受診結果の検討。

2．教職員や親がE特有の発達の凸凹や得意不得意を理解する。

①自閉症スペクトラム障害に関する学習資料の配布や学習会を実施する。

3．発達に合った支援を実施する。

①今まで通り、一人になれる場所を提供する（配膳室・保健室・図書室・校長室等）。

②Eの好きなこと、得意なことを見つけ、伸ばし、学級の中の自分の役割や目標を達成できるよう支援する（自信と自己肯定感が高まる）。

③運動会でのダンスの練習や図工の制作など得意なことは進んで実行できるよう支援する。

④何をするか分からず不安にならないように、教師が事前に具体的な説明をした後、まず、得意な授業や行事などに積極的に参加させ、「できた」という達成感や充実感を持ちことができるようにする。

⑤保健室にいるとき

好きなこと、得意なことをする（絵を描く、食事やゲームの話等）。

できそうならクイズや間違い探しのプリント、計算や漢字のプリントをする。

学校は楽しいところであるようにするため、保健室や別室で遊んでも、大暴れしても、プライバシーが守られている場合は、決して否定したり叱ったりしない。

遊びや会話を通してEを理解していく。

4．発達の凸凹から生じる困り感を少なくし、ソーシャルスキルを身につけさせる。自閉症スペクトラム障害の疑いがあることから、Eに合ったより良い支援を本人・家族・学校が考えていくために、専門機関との連携を勧めていく。Eの得意を伸ばし、Eに合った支援方法についての専門的な助言を促す。職員全体で、「Eにはこのような特別な支援が必要である」ということを共通理解して関わっていく。そのためには、養護教諭は、積極的にスクールカウンセラーや教育相談巡回教諭にEの様子を伝え、学校全体での関

わり方、養護教諭としての関わり方について意見を求め、統括する。

　中学校への引継ぎの際には、特別な支援が必要であることを伝え、詳しく記録したものを必ず申し送る。

Q1　この事例を読んで、あなたが考えたことは何でしょうか？

Q2　自閉症スペクトラムに関して知っていることを挙げてみよう。

Q3　あなたが養護教諭ならどのように対応・支援しますか？

事例12　何か、先生といたら落ち着く

　8月31日5限目、学年の先生に連れられAさんが泣きながら保健室に来室。授業中に変わった様子はなかったという先生からの報告があった。保健室には休んでいる生徒もいたことと、本人の希望から隣の部屋ですごすことにした。隣の部屋のすみっこに小さく座る彼女の横に座り、「何かあったら教えてね」と伝えたが彼女は無言で泣いたままで、私もその横で無言のまま帰宅までの時間をすごした。

　チャイムが鳴ると「帰りの会は出た方がいいですか？」と口にした。

　「今の状態だと辛くないかい？」と尋ねると、

　「泣いているの見られるのが嫌です」と言ったので、

　「そしたら、担任には伝えておくから帰宅時間まではここにいようか！」

　という具合に、その後も話をすることはなく帰宅した。

　これまで泣いて保健室を利用したことなどない生徒であったため、担任と授業担当者に「何か思い当たることがあるか」確認したところ特に変わった様子はなく、真面目で頑張り屋さんであること、大きな音が苦手であることを教えてくれた。保健室に再度来室するとは限らないので様子を見てほしいと担任にお願いした。

　翌日、同じように授業中に泣き出してしまい保健室に来室した。授業担当者が担任へ連絡してくれたようで、担任も数分後に保健室に来室した。担任とAの2人が隣の部屋で話をすることにした。1時間程度で話を終えて授業に戻ったので、担任から話を聞くとウロ

ウロした後に「大丈夫です」「次の授業には行きます」と話していたということだった。

　また翌日も、前日と同じように授業中に泣きながら学年の先生に連れられ保健室に来室した。他に保健室の利用者がいたことから、私が対応するまで隣の部屋で学年の先生とすごすことにした。私が部屋に行くと、学年の先生と授業の話をしてすみっこに小さく座っていた。私は彼女の横に座り、学年の先生と交代した。彼女は数分間無言でいたが、「先生は保健室行かんくても大丈夫なん？」と聞いてきた。

　「大丈夫やで。何かあったら連絡してくれるし！」と答えた。彼女は少し笑いながら

　「何か先生といたら落ち着く」と呟いた。

　「他の人いたら落ち着かなくて」と話し、私は、

　「大きい音とか苦手なんやんな。担任から聞いたよ。ここなら落ち着く？？」と聞くと、

　「うん」などと少しずつ話ができるようになっていた。

　チャイムがなる直前に担任が来室すると、急に彼女は机の回りをグルグル歩き回り始めた。担任が、

　「次どうする？」と尋ねるとさっきまでとは違う真面目な様子で、

　「次からは行きます」

　と授業に向かうことになった。この時、担任が来室した時の態度がそれまでの様子と明らかに違うことが気になった。

　翌日、学校祭の準備でかなり騒がしい状況だったこともあり、数人の生徒を学年の先生が別室対応しているところだった。Aさんのいる部屋に入ると「先生、来てくれたんや」と歩き回り始める。私が「今日はグルグルしているねんな」と話しかけると、

　「実は８月にお母さんの命日があって、思い出すと夜も眠れなくて、勝手に涙が出てくる。自分でも授業は行かないと、って思うけれどもどうしようもなくて」と話し始めた。

　「そんなこと話してくれてありがとう。今まで辛かったな」と伝えると、大泣きを始めた。

　一緒に部屋のすみっこに座り、泣いている彼女を抱きしめてすごした。

　「しんどいことや困ったことがあった時は保健室に来て話しようね」と伝えると、

　「わかった！」と少し笑いながら帰宅した。

　ここ数日の落ち着きのない理由が母の命日だったからだと彼女から聞いたため、担任に話をしたところ、中学校の引き継ぎでそのような話があったとのことだった。まだ母を亡くしたショックがあることから、様子を見て、辛い時は別室での対応が必要であることを

担任と確認した。

　Aはこの日から困り感がある時に保健室を利用するようになった。

　９月の中旬からは母のことを思い出して、急に泣き出すことは少なくなってきた。お昼休みに保健室に来室した。校外実習の話をしていたところ、

　「お昼ご飯って休憩室みたいなところで食べるのかな？」と尋ねてきた。

　「場所にもよるけれども、休憩室でみんなで食べることが多いかもね」と答えると、

　「職場の人と一緒に食べるってこと？」

　「休憩時間が一緒ならそういうこともあるかも」と答えると、

　「そしたらご飯食べれへんかも」と言ったので疑問に思い、

　「なんで？」

　「知らない人がいるところでご飯食べたくなくて。そんなにお腹も空かないし、給食もほとんど食べてないし」と答えた。私は、

　「えっ？　全然、食べてないの？」と聞くと、

　「食べてないよ。だいたいトイレに籠っている。時間までは教室にいるけど」と答えた。私は少しでもご飯を食べるべきだと思い、彼女に、

　「例えばやけれども、他の部屋で１人でとか、２人とかでなら食べることはできそう？」と聞くと、

　「○○とか先生とかならいけると思う」と答えたので、

　「ご飯は食べられるなら、とりあえず他の部屋とかでも食べる練習しようよ」

　と彼女に提案した。しかし彼女は、

　「そういうの担任に言わないとダメって言われるし、人前で食べるの嫌だから他の部屋で食べたいって言っても、どうせダメって言うだろうし、担任と話をするならご飯を食べたくない。あの人は私のことをわかってくれていない。もうどうでもいい…」

　と捲し立てるように話をしだした。私は、一呼吸おいてから、

　「そっか。あなたの身体にかかわることやからどうでも良くはないから話してみよう」

　と提案し、一緒に学年主任に話をし、学年主任から担任と話をしてもらった。その結果、別室で食事をして少しずつ食べられるようにしていくことになった。その後、

　「ちなみに、何で担任に話したくないと思ったの？」と尋ねると、

　「授業とか無理にでも精一杯頑張っているのにもっとやらなきゃダメとか言ってくるところ」

「しつこく何度も聞いてくるところ」

「納得できないことも理由もなくやれと言ってくるところ」と返ってきた。

「いつも頑張っているもんな。担任も何か思いがあってそういう風に言ってるのかなー？」

と私が言ったが「もうどうでもいい」と言い頭を叩いた。私は頭を叩く手をとって、

「とりあえず困ったことがあった時は叩かないで言葉で伝えてな」と伝えた。彼女は、

「わかったよ！」と答えた。

11月に入り、学校祭準備期間中に彼女は、「次の時間はどうするの？」

と休み時間ごとに来室し保健室内を歩き回っていた。

「次は班ごとでやるみたいだよ」などとその都度伝えていたが、頻回来室ということもあり、

「毎時間ここに確認しに来てるけども大丈夫かい？」と聞いた。すると彼女は、

「いつもと違うから大丈夫じゃない」と答えた。

「そうやんな。大丈夫やったらこんな風になってないよな。中学校の頃とか学校祭があった時はどうしてたん？」と聞くと、

「中学校の時は朝に1日のスケジュール立てるときもあった」と話してくれた。

「そしたら、スケジュールがあれば少しは不安じゃなくなる？」と聞くと、

「不安は不安やけどもないよりはいい！」と答えた。

「そしたらさ、明日からスケジュールやってみるか！」と伝えた。

翌日から、朝に一日の時間割を紙に書いて確認をするようにした。その後の保健室来室は減少した。

3月のある日、1限目は苦手なコミュニケーションの時間だった。朝一番で保健室に来室し、事前に副担と相談し必要に応じて別課題に取り組むことにしていた。2限目の休み時間に泣きながら自分の頭を叩いて「死にたい」と言い、保健室に来室した。かなり取り乱していたこともあり、隣の部屋に行き「何かあった？」と聞くと、

「どうしても辛かったから担任に更衣室に行ってもいいですか？って聞いた」と話し始めた。

「そしたら担任に、『もうちょっと我慢できないの？』って言われた。信じられない！限界だから言ったのに！…。『限界になったら言って』って言うくせに、言っても意味な

いやん！　もう死にたい！」と激怒した。

「我慢できないから伝えたのにね。どうしてわかってくれないの？　って気持ちになるな」と伝える。

「その後はずっと机に突っ伏しててチャイム鳴ったから保健室来た。もう担任の顔も見たくない！」と泣きながら歩き出した。気持ちを落ち着かせるために、私は「こっちおいで」と彼女を呼び「辛かったよな」と彼女を抱きしめた。5分ほど経ち落ち着いてきた彼女に「これからどうしようか？」と尋ねると彼女は「授業には出たいけれど、担任が見に来るかもと思うと無理」と答えた。私は「人の行動を制限するのは難しいからな〜。今日は担任の授業がないから会わないようにできるかもね。そのためにAが今出来ることはある？」と聞くと彼女は考えている様子だった。「1人では難しいよな。もちろん、先生も協力するけども授業中とかに困ったらどうする？」と聞くと、彼女は「誰かに。副担に話して協力してもらう！」と彼女が言ったので、私は「いいと思うな！　次の休み時間に伝えにいこう！」と伝えた。

　再度、副担に話すために話を整理した。副担には本人だけはなかなか伝わらないこともあったが一緒に話をすることで今の状況を理解してもらい授業に戻ることができた。

　その後、生徒指導部長から今回のことを担任に伝えてもらった。今回のことで本人が学校へ足が向かなくならないように、授業以外については別室での対応とすること。また、教員の支援体制が不十分だと感じ、ケース会議を開く必要がある状況と判断した。また彼女自身が困り感のある時に、自傷行為や「どうでもいい」と考えることをやめるのではなく、自分の現状を整理して気持ちを言語化できるように支援する必要があると考えた。

2年生

　4月中に担任、副担が変わる。新学期が始まる前に担任、副担、学年主任、特別支援COでケース会議を開催し、彼女の支援の方法について確認を行う。

　まず、本人の現状を確認した。

　会議では本人が納得し自発的に取り組めるように、本人と担任と養護教諭で面談を行い次の事項について確認することにした。

　①得意なこと苦手なことは何なのか　②どんな時に困ったりするのか　③その時にどのように自分で対処しているのか　④それでもダメな時はどのようにして欲しいか　⑤その他に何か知っておいてほしいことはあるかを確認した。学校生活の中でいきなり全ては難しい

が、学級や授業には参加してできることを増やしてほしいことと、自傷行為ではなく、言葉で気持ちを伝えられるようになってほしいことを目標とし支援すると伝えることにした。

　新学期、登校後すぐに保健室に来室した。彼女は「担任は誰になるんだろう」などと話し不安な様子が見受けられた。私は「学年は変わるけども、保健室とか変わらないところもあるから」と伝え始業式に向かわせた。始業式の後にも「教室の棚の場所も違うしどうしよう。担任と上手くやれるかな？」などと呟きながら廊下を歩き回り、落ち着かない様子であった。2限目の2計測の際に「4時間目に担任と先生（私）とこれからのこと話すって聞いた。大丈夫かな？」と面談についても不安をもらしていた。私は「大丈夫、ちゃんと自分の気持ちを伝えたらいいよ。上手く言えないところはサポートするから！」と声かけをして本人が自分の気持ちを言葉で伝えられるように支援することを伝えた。

面談の結果

①得意なこと→体育と数学。苦手なこと→国語と音楽、大人数。

②どんな時に困ったりするのか→音楽の授業と大人数での授業で騒がしくなった時。父と喧嘩した時。

③その時にどのように自分で対処しているのか→とりあえずその場で我慢する。
　シャーペンで手を刺して落ち着かせる。

④それでもダメな時はどのようにして欲しいか→別室でクールダウンさせて欲しい。
　※場所は教室横の空き部屋、相談室、空き教室、保健室はクールダウン場所としては使用しない（保健室は最後の砦としておくため）。

⑤その他に何か知っておいてほしいこと→母の命日のため8月〜9月は落ち着かないこと。みんなとご飯を食べるのが落ち着かないこと。

　担任から「苦手な授業や困ったことがあった時は、事前にクールダウンすることは伝えておくので授業の先生に声をかけること」という提案に彼女は「できるだけ頑張る」と答えた。「クールダウンする場所で先生と話をして気持ちを整理させること。その時に、自傷行為はあなたのことが心配だからしないでほしいこと」と伝えると、「話をできる人は限られてるから誰とでも話はできないかも、あと頭叩くのはなるべくやめる」と答えた。「急に教室を抜け出したり、歩き回りだしたり、大泣きするほど我慢したりする前に行動できるようにして欲しい」と伝えると、彼女は「自分で限界がわからない時があるからできるか

わからない」と答えた。私は「急にできるようになるのが難しいことはみんなわかっているから少しずつやっていこう」と伝えると「頑張る！」と答えた。GWまではこの日確認したことを実践することとした。

　GWまで取り組んでみて、彼女は頑張らなくてはならないという気持ちが強く、上手くクールダウンができないことが続いていたため、担任と特別支援COが彼女の苦手な授業中の様子を見にいくことで、困り感のある時に伝えられるような環境づくりを行い、夏休みまで取り組むこととした。

2年生11月

　母の命日は不安になることを事前に伝えていたが、担任、副担と不在であったこともあり担任と副担への不信感がつのっている様子であった。昨年も同様の時期に彼女自身の不安から担任への不満が溜まっていたように見受けられた。そのため本人の気持ちが不安定さとリンクしていることが考えられる。保健室来室の増加と自傷行為が増加してきたために話を聞くことにした。私が「めまいのこととかもあるけれども最近、頭叩くのも増えてきてるやん。やっぱり不安なことあるん？」と聞くと彼女は「担任がさ、昨年よりかいいけども…なんか何考えてるかわからない。急に朝一のスケジュールもなくなったし、急に今まではやってなかったこともやれって言ってきたり…副担もやれって言うし…」と話したので、私は「なるほどね。スケジュールのことは先生も知らんかったし確認するわ」と言うと、彼女は「でも、毎朝保健室にきて自分で確認できるし何かあったら先生教えてくれるし、その方が色々言われなくて済むからいいかも」と自分の頭を自分で叩いたので、叩いている手を止めながら私は「わかったよ。とりあえずスケジュールの件については保留にしよう。あとは急にやれって言われて困ってるんやんな」と私が聞くと、彼女は「何かもうどうでもいいかなって思ってきて、どうしようもなくなったらここに来たらいいし」と言ったので、私は「そりゃ困ったらここにおいでよ。でもさ、私はあなたがとっても頑張ってるの知ってるからどうでもよくはないわ。あと、頭を叩く時はどうでもいい時ちゃうやん」と伝えると、顔を伏せ「うん」と答えた。私は「そんな気持ちになるのもとってもよく分かる。同じようなこと昨年も言っていたよな」と言うと、彼女は「確かに同じような状況かも。昨年もこのくらいのときから担任と上手くいかなくなった気がする」と答えた。私は「けど、この半年と昨年とは違うことたくさんあるやろ。昨年はさ、我慢して爆発することになったよな？　すごいしんどかったよな」と話すと彼女は「しんどかった。

どうしたら良いかわからんかったし」と答えた。「先生もどうしたら良いかわからなくて一緒に考えたよな」と話すと「そうやったな。どうするか考えて何とかなった」と答えた。私は「昨年も言うたけども、あなたが悪いとかそういうのじゃないよな。ここでずっと頭叩いてるだけやと昨年と変わらんけどさ、昨年のことがあったからできるようになったことあるやん」と言うと彼女は「できること？」と尋ねてきたので、私は「昨年はさ、泣いてぐちゃぐちゃになって、色々考えるまでにかなり時間かかったよな」と聞くと、彼女は「うん」と答えた。続けて「今はさ、限界になる前にここに来てくれたやん。だから、これからどうするかスムーズに考えられるやん」と言った。すると彼女は「確かに！」と答えた。そして私は「気持ちが爆発する前にここに来れたのはスゴく成長したなって思ってる！　そしたらこの後、あなたができることって何やろ？」と彼女に尋ねると「今みたいに我慢出来なくなる前にクールダウンすることかな？　昨年は我慢しすぎて爆発したし」と答えた。私は「そうやんな！　そのためにさ昨年は先生と一緒に元副担や学年主任と話してみたよな～」と言うと彼女は「泣きながら話に行ったの覚えてる。そしたら今回はH先生とT先生になら相談できるかも」と言った。私は「そうやって限界になる前に自分の言葉で考えを伝えたら必ず助けてくれるから！　話しにいこう」と伝えた。

　学年付きの2人に入ってもらい自分で現状を説明し、困ったことがあった時に手助けをして欲しいとお願いした。昨年までのことや今、自分が辛い状況にあることを言語化し伝えることができた。

2年生12月

　担任が体調不良のため休みとなり、副担が担任になった。副担は協力を求めたT先生に変わったことから不安ながらも受け入れられることができている。昨年のように関係が悪化したまま、彼女が気持ちを伝えられずに終わるのではなく、納得いかないことは自分で聞くこと、辛いことがあった時は気持ちを言語化して話すことが少しずつできるようになった。

SOAP

児　童・生　徒	教　師	アセスメント
3月4日1時間目前、少し怒った様子で保健室に来室。「今日のHRにカードゲームするらしい。最悪‼」	養「あらま。そりゃさわがしくなるよな。とりあえず、副担に数学の課題やっててもいいか確認しようか」 副「大丈夫。数学のプリントもってきてやっててもいいし、できるならカードゲームやってもいいし」	カードゲーム（コミュニケーション）の時間は、聴覚過敏のため複数の人の大きな声が苦手なことから取り組むことが困難であること。担任との関係性が上手く行っていないことから副担と連携し、本人ができることを積極的に取り組ませる。
「よかった。ありがとう」と副担と一緒に教室へ戻る。		
2時間目前の休み時間に半泣きで来室。「もう嫌や。アイツ腹立つ。もう顔も見たくない‼」と保健室の中をグルグルしながら壁を殴る。		
	養「どうした？　Aさん。今、人たくさんいてるから別室行こう。処置終わるまで待っててくれる？」	担任かクラスで本人の予想できないことがあり取り乱している様子。話を聞くことにする。いつまで待つかわからないと混乱するので処置が終わるまでと伝えた。
「うん」保健室の中をグルグル歩き回り壁を殴る。		
	養「Aさん。副担には伝えてあるから大丈夫。休んでる人もいるし別室行こう」	クールダウンのため他の人がいない部屋を使うことで、気持ちを落ち着けることができると考えた。
「うん」下を向きながら別室へ移動。移動後もグルグル歩き回り壁を殴る。		
	養「Aさん」グルグル回るAの手を取り向かい合わせになる。 養「どうした？　何かあった？」	手を取り安心させることで落ち着きを取り戻させる。ゆっくりと言葉がけをすることで話をしやすい状況にした。

児　童・生　徒	教　師	アセスメント
「授業中にB先生がきて話し始めてが騒がしくなった。隣のクラスの担任やのに何しに来たんと思ったし、ムカつく」		
	養「急でビックリしたわな。さわがしいのも苦手やもんな」 「けど、それだけじゃこうなってへんやろ」	B先生は隣のクラスの担任で、苦手な人でもあることから落ち着かなくなることはある。今回のように取り乱すときは他にも必ず理由があるため聞く必要がある。
「どうしても辛かったから担任に更衣室に行ってもいいですか？って聞いた」と話し始めた。「そしたらもうちょっと我慢できないの？って言われた。信じられない！　限界だから言ったのに！」と激怒する。「いつも限界になったら言ってって言うくせに、言っても意味ないやん！　もう死にたい！」		担任はもっと頑張って欲しいと思っており、以前にも2、3回同様のことがあり養護教諭と学年主任から本人の様子を伝え、指導について検討して欲しいと伝えていた。
	養「我慢できなくなったから伝えられたのはよかったよね。だからこそ、どうしてわかってくれないの？って気持ちになるよな」 養「そしたら更衣室には行けなかったの？」	本人が自分の気持ちを他者に伝えられたことを認め、気持ちに寄り添う。
「フード被って机に伏せて泣いてたら9時5分までなら行ってきなって言われたから行った」		
	養「1人でいたの？」	
「1人やった」		
	養「時間になったら呼びに来てくれた？」	
「1人で戻った」		
	養「自分で気持ち整理して戻れたんや！　すごいな！」	

86

児 童・生 徒	教 師	アセスメント
「戻ってもやっぱり辛くて机にずっと伏せてた」		
	養「よく頑張ったね。それで保健室来たんやな。何でＡさんがこうなってるかわかったよ」	
「もう担任の顔みたくない！」グルグル歩き回り泣く		
	養「Ａさんおいで。一生懸命伝えようとしてるのに辛かったよな。よく我慢したね」抱きしめる。 養「今はいっぱい泣いていいから、大丈夫やで」	今までの中で１番取り乱した様子であったため安心させ落ち着かせる必要がある。
「うん」と大きな声で泣く。５分程泣いて少し落ち着いて笑顔になる。		
	養「Ａさん。これからどうしようか？」	
「授業には出たい。けど担任が来るかもと思うと無理」		
	養「人の行動を制限するのは難しいからな〜。今日は担任の授業もないから会わないようにできるかもね。そのためにＡさんが出来ることって何かあるかな？」	困ったことがあった時に、彼女自身ができることはないか考えさせる。
「うーん」		
	養「１人では難しいよな。もちろん、先生も協力するけども授業中とかに困ったらどうする？」	今の段階では、担任と会いたくないという感情が強いため、すぐに解決できる問題ないではないと判断した。本人の授業に出たいという気持を尊重するため、副担と生徒指導部長との連携が必要と考えた。

児　童・生　徒	教　師	アセスメント
「そしたら、副担に今の現状を説明して協力してもらう！」		
	養「いいと思うな！　次の休み時間に伝えにいこう！　その前に先生から生徒指導部長のM先生にも伝えてもいい？」	
「M先生ならいいよ！」		
	養「そしたらさっきあったことをもう1回整理してみよう」 養「まず、1時間目はカードゲームやるからうるさくなるから不安やったんやんな」	副担に状況を説明するために出来事を言語化し、状況を整理させる。
「うん」		
	養「それでも副担と一緒に授業に行ったんやんな」	
「頑張った」		
	夜「頑張ったな。なんとか途中までいたけども急にB先生が来て騒がしくなった」	
「うん」		
	養「涙が出るほど辛くなったから担任に更衣室に行っていいですか？って伝えたんやんな」	
「そしたらもうちょっと我慢できないの？って言われた」		
	養「その時、あなたはなんて言って欲しかった？」	
「更衣室行っといで〜って言ってほしかった」		
	養「そうやんな」	

児　童・生　徒	教　師	アセスメント
「担任はいつも何かあったら私に言ってっていうけども何もしてくれない」		
	養「何で担任はそんな風に言ったのかなー？」	
「知らん。どうでもいい」		
	養「もしかしたら、もう少し頑張ってほしいと思ってたいたりしたのかな？」	
「そんなはずない！　どうせ戻ってこないと思って出させないようにした」		
	養「少ししたら戻ろうとしてたんやんな〜。その気持ちが上手く伝わればよかったのにな」	自分の気持ちを伝える方法がなかったのか、考えることが必要だと判断した。
「どうしたらよかったん？」		
	養「時間を決めて伝えるのはどうやろう？　10分したら戻ってきます。とか？」	
「ダメって言われそうやから嫌だな〜」		
	養「それでダメって言われたら困るな〜もし、同じことが次あったら言ってみて。ダメって言われたら先生に教えてや」	
「できるかな〜？」		
	養「絶対できるよ。言葉にしないと伝わらないしね！」	
「けど担任に会いたくないから無理かも！」		
	養「そっかー。Aさんも、もう少しこうしたらいいかな？ってなるところもあるけれども、担任に変えて欲しいところがあるならどんなとこやろ？」	

児 童 ・ 生 徒	教 師	アセスメント
「全部！」		
	養「こら！」(笑)	
「何か言い方キツいし、意味わからんこと言ってくること」		
	養「給食の件とか？」	
「うん」		
	養「いつもと同じやな。今回のこともあったし、もし担任に聞かれたら伝えてもいい？」	
「えー、まあもう会わんしいいよ！」		
	養「今みたいに自分の気持ちを言葉にできると他の先生にもAさんがどうして困ってるかわかって良いと思うな！」	
	養「よし！ 1回落ち着いたし保健室戻るか。そしたら生徒指導部長に伝えてくるから保健室で待っててな」	彼女の特性から長時間の話は集中が続かないと判断し、生徒指導部長の協力を仰ぐことにした。
入口の壁を殴っている。「聞いた？？」		
	M「Aさんー、また殴ってるんか！ 養護教諭に聞いたよ。これからどうするか？」	
「副担と話してみる。先生（私）と一緒に！ それで担任が来たら逃げる！」		
	M「逃げるでない！ 分かったよ！」(担任と話をするため職員室へ)	
	養「休み時間になったら話に行くから、もう少しここにおろうか！」	

90

児　童・生　徒	教　師	アセスメント
「うん！」		今回のことで彼女が学校へ足が向かなくならないように、必要に応じて別室での対応をすること。また、教員の支援体制が不十分なため、ケース会議等を開き支援体制の改善が必要と判断できる。 彼女自身が自分自身の特性と向き合い、困り感のある時に自傷行為やどうでもいいと言って考えることをやめるのではなく、現状を整理して気持ちを言語化し伝えることができるように支援する必要があると判断した。

Summary

高校1年生　女子　IQ65（入試はトップ）

家庭環境：父子家庭

　　　　中学3年生の頃に母を亡くす。本人が小さい時に父は手がでてしまうことがあったようで、中学生までは母が心の支えになっていた。そのこともあり、父を恐れている一面があるが（父さんに怒られるからやらなきゃ…）、2人で旅行に行くなど関係は悪くない様子。

　　　　父はAに対して頑張って欲しい気持ちが強くあり、関わり方に少し困難さを感じているように思える。しかしお迎えや通院等、本人と向き合おうとしてくれている。

既往歴：小学生の頃にてんかん発作あり。現在、症状は見られない。

　　　　喘息持ちで服薬をしている。（しかし、なかなか自発的に服薬できない）

　　　　食物アレルギーがあるが、好きなものであれば意図的に食べてしまう。

中学校：特別支援学級に在籍しており、少人数のクラスでの授業がほとんどであった。

　　　　また、全体での活動や音楽の時間などはトイレにこもっていたとのこと。母親の死後から集団での活動に参加することがさらに困難になってきたとのこと。聴覚

過敏のため騒がしい環境にはいられないことが多かったが、支援学級の少人数での活動には特に問題はなかった様子。

特　性：明確な診断は出ていないがASD、ADHD傾向にある。

予定の変更が苦手で突発的なことへの対応が困難。

1度苦手だと思った人（しつこく注意されたり、話を上手く汲み取ってもらえない等）に対しての拒絶が強く、話をすることを極端に嫌がる。

心を許す人に対しては幼い子どものように甘えてくる。

文章読解が苦手なこともあり国語が苦手。計算は得意で中学レベルの数学は解ける。身体を動かすことがとても好き。

そのため、体育の時間については集団での活動を行うことができる。

聴覚過敏のため、耳栓をつけて過ごすことが多く、騒がしい環境下では授業を受けられないことが多い。イライラすることや頭が痛くなることがある。

予定の変更や、苦手な人と過ごすこと、騒がしい環境下で過ごした後は、壁を殴ることや自分の頭を叩く等の自傷行為や「死にたい」「消えたい」と言うことが多い。

その際に、こちらから話を整理して聞くと、困ったことがある場合がほとんどである。

現　状：医療機関の通院は本校の入学以前に何度か行っているため情報共有を行い、学校内全体での特性の理解を更に深め支援体制を整えることが重要である。

また、困り感のある時に「死にたい」や「消えたい」と口にすること、自傷行為をすることがあり適切な表出ができないことが多い。どうして困っているのかを伝えることが、言語力の低さや経験の少なさから苦手である。本人が自分の感情を整理して、言語化し伝えるための支援が必要である。

本人が自分で考えて行動するためには、以下のような対応が必要である。

①本人の特性に合わせた支援方法を検討し、共通理解をはかる。

②就職を見据えていることもあり、集団での生活は多くのことを学ぶことができる。運動や計算など得意なことについては集団での活動に積極的に取り組めるようにする。また、苦手なことも特定の教員と対話をし、時間をかけて納得して参加することで「し

んどい」を乗り越え成長し、自分で考えて感情のコントロールをする力を身につける
必要がある。

③クールダウンの場所をもうけて、整理させる時間をつくる。また、母を失った喪失感か
ら感情が不安定になることがあるため、学校内で安心できる環境をつくる（保健室等）

そのために必要な支援としては以下のように考える。

①定期的にケース会議を行い、支援の計画を具体的に定める。ケース会議の構成メンバー
は担任、副担任、学年付き、特別支援CO、養護教諭、学年主任、生徒指導部長に加わっ
ていただく。会議で話し合った内容については、本人にも確認を行う。また、医療機
関への通院時に情報共有できるように資料の作成を行い同伴受診の検討を行う。

②本人の特性に合わせた指導、支援を行っていることを全職員に周知する。何をするか
わからなくならないように朝一で時間割の確認を行う。得意なことは積極的に参加で
きるが、苦手なことについてはどうすれば参加できるか一緒に考えるなどして、「でき
る」という気持ちをもたせる。

③クールダウンする場所をもうける（相談室、保健室など）。その場で、教師が一緒に本
人の感情を整理し、困り感を具体的に言語化するための支援を行う。本人の考えを否
定せずにどうしてそう考えたのかを、対話を通じて理解を深めていく。プライバシー
が守られているところでは、手を取って話をするなど安心できる環境作りをする。

Q4　この事例を読んで、あなたが考えたことは何でしょうか？

Q5　自閉症スペクトラムとADHDに関して知っていることを挙げてみよう。

Q6　さてあなたが養護教諭ならどのように対応・支援しますか？

事例13　せんせー、俺な、寂しいねん

　大学を卒業し、私が新任養護教諭として初めて赴任したのは小学校だった。新型コロナ
ウイルス感染拡大の影響で4月に学校が始まることはなく、休校が続いていた。休校の間、
基本的に児童は登校することができなかったが、家庭の事情等により自宅で生活が難しい

場合は学校に登校することが許可されていた。休校期間に登校してくる児童は保護者が働いており家に１人で留守番が難しい低学年児童が多い。休校期間に登校する児童は 10 名程であったため、全員同じ部屋で担任からの課題に取り組んだり、図書館で読書をしたりして過ごしていた。毎日教職員で交替しながら対応していた。そこで当時３年生の男子児童、Ｇと出会った。

　Ｇは休校中、毎日登校してきていた。初めは無口で大人しく、おっとりしている印象を受けた。Ｇは他の児童が遊んでいても中には入って行かず、１人で遊んでいた。私が話しかけても返事が返ってくることはなかった。私が赴任する前から学校におられる先生とは話をすることができていたので、慣れない人と関わることが苦手なようだった。その日の昼食の時間、ご飯を食べたくないと言って外に飛び出してしまった特別支援学級の児童の後を追いかけて外に出るＧの姿を見かけた。Ｇは特別支援学級に在籍はしていないが、他者との関りが苦手で突発的な行動を取るところが気になった。他の先生にＧのことについて聞くと、３年生にしては幼い、母子家庭で母は働いており、曾祖父の家から登校してくることもあるそうだ。

　休校期間中にＧとじっくり関わる機会はなかったが、毎日顔を合わせているうちに話しかけると返事が返ってくるようになった。

【３年生１学期　学校再開後】

　学校が再開して数日が過ぎたある日、Ｇが保健室に来室した。彼は何も言わずに保健室のソファーに座る。

　「Ｇさん、どうしたん？」とそばに行くと、ぎゅっと閉じた口元に血がついているのが見えた。

　「Ｇさん、お口ケガしたん？　大丈夫？」と聞いてもＧは口を閉じたまま何も話さなかった。

　「Ｇさん、どこかにぶつけたん？　痛い所教えてほしいな」と伝えるが返事は返ってこない。Ｇは脱力し、宙を眺めて動かなかった。担任に状況を説明して保健室に来てもらい、担任が声をかけると少し口角をあげた。担任が、

　「どこが痛いん？」と聞くと、いーっと歯を見せた。転倒した際に口元を机にぶつけて出血していたようだ。こんな調子で処置を行うまでに時間がかかってしまうこともたびたびあった。

　担任にＧの教室での様子を聞くと、「調子が良い時は活発で自分から話し、授業中も落

ち着いて席につくことができない。何か嫌なことがあったり、怒られたりした時は固まって貝のように話せなくなってしまう」ということだった。

【３年生２学期】

　２学期が始まると、しばらくＧの来室はなかった。時々遅刻してくる彼に「おはよう！」と言うと、私のほうを見て「おはよー」と返し、「今日は元気？」と聞くと「まあまあ」と答えるちょっとした関わりが続いた。

　少しずつ肌寒い日が増えてきたある日の授業中、Ｇが教務主任の先生に連れられて来室した。彼が授業中に来るなんて珍しい！と思い、

　「Ｇさん、どうしたん？」と私が聞く前に、

　「自分の口で言いなさい！」と教務主任の先生が厳しく言った。Ｇは後ろめたそうな顔をして、

　「あんな、赤鉛筆取れんくなってん」と言う。

　「え？　どこから取れなくなったん？」

　と事情を聞くと、自分で赤鉛筆を耳に入れて遊んでいた最中に鉛筆の芯が折れて耳に入り、取れなくなってしまったのだという。痛みはあるかと聞くと「痛い」と言うが、本人は全く不安そうにしておらず、動き回っていた。保健室で鉛筆の芯を取り除くことは困難だったため、病院を受診することになった。保護者は付き添いに来られないとのことだったので、Ｇと２人で手を繋いで病院へ向かった。道中、Ｇは教室で実は反対の耳にも鉛筆を入れていたこと、家庭では母との関わりが少ないことなどを私に話してきた。病院に到着すると、Ｇは急に体を固くして緊張していたが、２人で処置室に入り赤鉛筆の芯を取り除いてもらうと安心したようだった。病院を出るとＧの母が車で到着したので事情を伝えると、母はＧに「お前何してんねん！」と厳しく怒った。Ｇは何も言わず固まっており、学校へも大人しく帰った。

　この日の出来事以降、Ｇは保健室によく顔を出すようになった。少しでも多く彼の情報を集めたかった私は、日々のちょっとした会話の中で「朝ごはん食べてきた？」「昨日は家で何していたの？」といったやり取りを重ね、記録に残した。Ｇは睡眠や食事等の生活習慣が乱れており、保護者はネグレクト傾向にあることが見えてきた。

【４年生１学期】

　Ｇは４年生になり、保健室に来室した際に自分から色々な話をするようになった。他児

に嫌なことを言われた悔しさから壁を蹴って足を怪我することもあり、感情を表に出すことも増えたが、自分の気持ちや思いを言葉にして伝えることは苦手なようだった。保健室に来室した際には回転いすにのぼって繰り返し高さを変えたり、ソファーの下に潜り込んだり、毛布にくるまったりすることが多く、いつも落ち着きがない。

　ある日、Gが「先生、歯が痛い」と言って来室した。歯鏡で見るとたくさんの虫歯があり、

　「これは痛そうやなぁ、お家の人は知ってはるの？」と聞くとGは、

　「言ってない」と答えた。

　家庭での歯磨き習慣もなく、そもそも自分の歯ブラシを持っていないようだった。自分の歯ブラシがないことは保護者も知っているが、買ってもらっていないと話していた。保健室に寄付で頂いた歯ブラシがたくさんあったので、他の児童に見えないように封筒に入れて渡すと、

　「これやったら夜も歯磨きできるやん」と、とても嬉しそうに受け取った。

　放課後、担任へGのことを伝え、家庭へ連絡をしてもらった。Gは後日、「先生、俺歯磨きしてきた！」と報告に来た。その後の歯科検診でGは虫歯が８本あることが分かり、虫歯が多すぎるので要注意と校医先生からも伝えられた。家庭へ「受診の勧め」を発行したが、受診結果報告書が提出されることはなかった。

　数週間後、Gが歯を怪我して痛いと来室した。本人は耳に鉛筆を入れた日のように、不安そうにする様子はなかった。出血と歯の動揺がみられたため母へ連絡したが繋がらず、曾祖父へ連絡をすると、以前から体調を崩しており外出が難しいとのことだった。Gは「また先生と病院行くん？」とワクワクした様子だった。

　受診した病院では怪我よりも虫歯の多さを指摘され、虫歯が進行していて痛みで噛むことができない歯もあったので担任を通じて母へ連絡をした。

　数日後、Gが保健室に「歯医者行ってん！」と報告に来た。

　「よかったね！　どうだった？」と聞くと、口をあーっと開けて銀歯を見せてくれた。

　「治療してもらえてよかったね」

　「痛くなくなった！」

　「お母さんが連れて行ってくれたの？」

　「ううん、お兄ちゃんと一緒に行った。また今度も行く」

　Gに兄弟はいないが会話の中で「お兄ちゃん」という言葉がよくでるようになった。詳しく聞こうとすると「わからん」と言われるが、放課後の学童のお迎えにも来てくれる男

性で、Ｇの面倒をよく見てくれているようだった。

【４年生２学期】

　２学期、Ｇは「怪我した」と言って来室することが急に増えた。手や足の擦り傷を見せてくるが、どれも数日前に怪我したようなものばかりだった。絆創膏は特に必要ないことを伝え、傷が不衛生な時は洗浄しながら話をした。Ｇは授業開始のチャイムが鳴るといつも自分から教室に戻っていたが、２学期は教室に戻ることを渋るようになった。教室で何かあったかと聞いても「なんもない」と答え、原因がつかめずに困っていると「早く戻ってきなさい」と担任に無理やり連れて行かれる日々がしばらく続いた。放課後、学童をこっそり抜け出して保健室にくることも出てきた。「どうしたの？」と聞くと「かさぶた剝がれた」と数日前の擦り傷を見せてくるので、処置して学童へ一緒に戻ることが続いた。Ｇは学童へ戻ると、いつも職員さんに厳しく叱られていた。そのうち、彼は自分でかさぶたを無理やり剝がして、爪で傷つけるようになった。Ｇの中で言葉にできない何かがあるのだと思い、担任や学童の職員の方へじっくり話をしたいことを伝えた。Ｇが、また来室した時には無理矢理かさぶたを取るのは良くないと話をし、怪我をしていなくても保健室に話に来ていいことを伝えた。

　ある日、学童を抜け出してきたＧが保健室に入ってくるなり、

　「何してるん？」と私の作業している席まで来た。

　「保健室前の掲示物作ってるんよ」と答えると、Ｇは、

　「ふーん」としばらく黙り、

　「せんせー、俺な、寂しいねん」と呟いた。Ｇの方を向いて、

　「Ｇさん、寂しいんか、何かあったん？」と聞くと、

　「…なんか、俺いつも一人やし」とＧは俯いて私の作った掲示物を触りながら言った。

　「そうか、Ｇさん寂しかったんやなぁ。一人やって感じるのはどんな時？」と聞くと、

　「家でおる時」とＧは答えた。

　家での過ごし方を聞くと、平日は学童に遅い時間までおり、迎えに来てもらって帰宅した後も一人でゲームをして過ごすことが多いようだった。母がいる自宅へ帰る日もあれば、曽祖父の家に帰る日もあるので、Ｇの話をゆっくり聞いてくれる大人はいないようだった。

　「Ｇさんの今話してくれた気持ちは誰かに言ったことある？」と聞くと、

　「ない」と答えた。

　今まで自分の気持ちを言葉にすることがなかったＧが、自分の気持ちを言葉で伝えられ

たことは大きな成長だと思った。その日は遅い時間だったので、いつでも話を聞くからこれからもGの話を聞かせてほしいと伝えて学童に送り届けた。すぐに担任にGの気持ちを伝えると、担任は驚いていた。担任もGの家庭のことや学習へ意欲がなく宿題もやってこず、授業についていけなくなっていたことが気になっていたようで、放課後、Gと2人で宿題をする時間を作ってくれることになった。また、今後の対応としてGが来室した際にはできる限りじっくり話を聞き、以前のように担任も叱って連れ戻すことはしないと決まった。

　その後、Gは早く登校した日や休み時間、放課後は連日保健室に来るようになった。かさぶたを剥がして傷つけて来室することは少なくなり、保健室ではGの好きなことや家での話、担任と頑張った宿題の話を聞いた。また、Gが連日保健室に来ていることを校長先生も気にかけてくださり、校長先生が毎朝行っている学校回りのごみ拾いにGやクラスメイトを誘うと、皆で参加するようになっていった。担任はほぼ毎日、Gと2人で放課後宿題を進め、Gは学習に対して少しずつ意欲的になり、保健室にテストの点数を報告しに来て、理科の月や星の単元がとても好きだと話してくれた。Gの家庭環境にも少し変化があり、面倒を見てくれているお兄さんと一緒に過ごす時間が増え、家庭でも自分の気持ちを伝えられる大人ができたようだった。

【4年生3学期】

　Gが保健室に来室する頻度は少なくなった。校内を巡回している時に友達と遊ぶGの姿もよく見かけるようになり、仲の良い友達もできたようだった。

　2月・3月、Gは遅刻が増え、保健室への来室も増えてきた。けがを訴えてくることはなく、話をしにくる。教室に入らず、運動場や廊下で寝転んでいることもあり、声をかけて話を聞くと「眠たい。疲れた」と脱力している日もあった。だが、そんな日も保健室で話をすると少しやる気を取り戻して自分から教室へ向かったり、クラスメイトが保健室まで迎えに来てくれたりした。Gの調子にはまだ波があるが、自分の気持ちを言葉にして表現することは増え、関わる友達や大人も増えた。そして、彼自身もできるようになったことが急に増えたので自信がついた様子だった。

　年度末が近づき、4年生は二分の一成人式を学年で行うことになっていた。二分の一成人式では児童が出し物やスピーチを行う。Gも出し物の練習や準備を頑張っていると担任から聞いていた。当日、私は直接見にいくことができなかったが、活動が終わった後、Gは保健室に飛び込んできた。保健室のソファーに寝転び「頑張った～～」と言うGに、

「Gさんがみんなの前でどんなスピーチしたのか聞きたかったなぁ。聞かせてくれへん？」と伝えると、

「いいで」とGは恥ずかしそうにスピーチを始めた。

「僕が４年生で頑張ったことはリコーダーです。上手に吹けるようになりました。５年生になって頑張りたいことは理科です。テストで100点とれるようになりたいです。最後に、感謝している人は…お父さんです。僕にお弁当を作ってくれたり、歯医者さんに連れて行ってくれてありがとう。…終わり！！」

私はGの成長に感動して拍手をおくった。

後日Gは家に帰ってお兄さんにもスピーチをしたそうだ。お兄さんはとっても喜んで「Gのこと宝物にするからね」と言ってくれたとGから後日聞いた。

SOAP

児　童・生　徒	教　師	アセスメント
４月　休校中 毎朝登校しているが、特定の児童と遊ぶわけでもなく一人で黙々と好きなことをして過ごしていることが多い。 「……」 顔を上げることもなく、目の前の遊びに集中している。 以前から学校にいる先生に話しかけられると小さな声で返事をする場面も見られた。 昼食の時間 ご飯を食べたくないと言って外に飛び出した他の児童についていき、一緒に外へ飛び出した。	「Gさん何しているの？」 Gが集中して取り組んでいる遊びをそばで一緒に眺めた。	学校に赴任したばかりで児童の様子や特徴が分かっていなかったため、それ以上に話しかけることはせず見守ろうと判断した。 自分の興味の向く物への集中力が高いこと、一定の関係性が築けていない人との関わりが苦手な部分があるように感じられた。

児 童 ・ 生 徒	教 師	アセスメント
先に外へ飛び出した児童と過ごすこともなく、一人で遊具に座る。	ボーっとしているGのそばに座り声をかける。 「Gさん、お弁当食べないの？一緒に食べよう」	お弁当を食べようとしていたが急に他の児童につられて外へ飛び出した姿から、衝動的に行動してしまう特性があるように考えられる。
「えー、いやや」	「いやなんか。お腹すいてない？」	
「……」	「食べられる分だけでもいいから食べに行こう？」と声をかけてGの手を握った。	新任で経験不足だったこともあり、早くGを教室へ戻さないとという気持ちで焦りがあった。
Gは黙って部屋に向かって足を進めたが、途中で地面に座り込んだ。	「Gさん、教室もう目の前やでー。頑張れー」 Gを抱き上げる。	笑顔が見られることから、一連のやり取りがGにとって楽しく感じられているのかもしれないと考えた。
Gは全身の力を抜いて廊下に寝転んでしまった。 無口で表情をあまり変えることがなかったが、この時は笑顔で脱力していた。 その後は大人しく教室へ戻りお昼ご飯は完食した。	Gを抱っこして教室へ連れていく。	以前から学校にいる先生にGの様子を聞くと、3年生にしては幼く、母子家庭で曽祖父の家から登校してくることも多いようだった。元から自分から喋ることが少ないが怒られた時は固まって全く話せなくなるとのこと。
学校再開後 Gはケガでよく保健室に来室していた。関わる頻度が増え、自分から喋る場面も出てきた。		Gは擦り傷等の軽微なケガでは笑顔で来室し保健室の回転椅子に乗ってくるくる回ることがお決まりだったが、今回のGの表情は硬くこわばったものであったため、Gにとって何か困ったことが起きたと考えた。
ある日、またGが保健室へ来室した。保健室に入ってくる姿がいつもと少し違った。	「Gさんどうしたん？」	

児　童・生　徒	教　師	アセスメント
Ｇは何も言わず保健室のソファーに座り、口を固く閉じて黙っている。口元には少量の血がついていた。	「Ｇさん、大丈夫？　どっかでケガしたの？」	
宙をボーっと眺めて何も話さない。座ることは出来ているものの、体に力は入っていないように見える。	担任の先生も来て「Ｇ、どこが痛いん？」と聞く。	宙をボーっと眺めて脱力している様子から、Ｇにとって処理しきれない出来事があり、防衛反応のようなものから固まっている可能性や、自分に起きたことを必死に把握しようとして固まっている可能性があると考えた。
いーっと歯を見せた。	「歯肉から少しだけ血が出てるね。もう血は止まっているから大丈夫そうだよ。口をどこかにぶつけたのかな？」	Ｇを安心させるために出血が止まっていることや傷が小さいことを詳しく伝えた。
黙ってうなずく。	「他に痛いところはない？」	
黙ってうなずく。少しずつ体に力が入ってきて表情や目つきが柔らかくなった。	その他に異常がないか確認し、落ち着いたＧから詳しい状況を聞き取った。	
教室で遊んでいた時につまずいて転びそうになり、机に口をぶつけてしまったことを自分で話すことができた。	「Ｇさんから詳しくケガのお話聞けて良かったわ。保健室に来た時ボーっとしてたから大怪我したのかと思って心配やったんよ」	
「え、そうやっけ。ケガしたのはびっくりしたけど…」		いつもと違うケガの仕方をして驚き、どうすれば良いのか分からず固まってしまったのだと考えられた。

児童・生徒	教師	アセスメント
		担任の先生からGの教室での様子を聞くと、授業中は落ち着きがなく椅子に座っていられない。学習に必要なものもそろわず、忘れ物が毎日ある。調子が良い時は自分から話せるが友人関係で嫌なことが起きた際は全く話せなくなる、とのことだった。
2学期のある日 2学期に入りGは少しずつ口数が増えた。保健室に来室しても固まって黙ってしまうことはなくなっていた。 数日ぶりにGが先生に連れられて来室した。	「Gさん、おはよう！　今日はどうしたの？」	
先生に「自分の口でいいなさい！」と厳しく言われ、後ろめたそうな顔で話し始めた。 「あんな、赤鉛筆取れんくなってん」	「え⁉　どこから取れなくなったの？」	
自分で耳に赤鉛筆を入れて遊んでいたら芯が折れて耳の奥に入ってしまったようだった。 鉛筆が取れないことを不安そうにする様子もなく、保健室をパタパタと走り回っていた。		以前のように固まって話せなくなる様子はないが、落ち着かない気持ちから走り回っていることが分かる。
	鉛筆の芯は保健室では取れない程奥に入っており、Gも痛みを感じていたため耳鼻科を受診することになった。保護者が来られないため、養護教諭と手をつないで2人で病院へ向かった。	
病院へ向かう道中 「せんせー、病院行ってたら給食間に合わないんとちゃうん」		自分の体のことや病院を心配している様子は全くなく、給食のことばかり気になるようだった。
	「そうやなあ。給食には間に合わないかもしれないね」	

児　童・生　徒	教　師	アセスメント
「えー。お腹すいた」	「Ｇさんお腹すいたんか。朝ごはんは何食べてきたの？」	
「なんも食べてきてない」	「朝から何も食べてないんか。それはお腹もすくなあ。お家の人も朝ごはん食べてないの？」	
「いつもお母さん朝は寝てるから食べてるか知らん」		母が朝食を用意してくれておらず、ネグレクト傾向にあることがうかがえる。食生活以外にもＧの生活について丁寧に情報収集をしていく必要がある。
	「そっか。Ｇさんは一人で学校の用意して家出てるの？」	
「うん。じーちゃん家から学校行く時もあるけど」		
	「そうかあ。Ｇさんすごいなあ。Ｇさんのお母さんは夜遅くまでお仕事してはるの？」	Ｇはぶっきらぼうに返事をするが、表情は明るく楽しそうにしていた。家庭で一人で過ごすことが多く母親と会話も少ないことから満たされていない寂しい気持ちがあるように感じられた。
「うん。遅い日が多い」	「お家では一人の時間が多い？」	
「多いなあ」	「何して過ごしているの？」	
「ゲームしたり、テレビ見たり、ごろごろしてる」		自分の気持ちを言葉にすることが苦手な部分も家庭で話をすることがそもそも少ないからかもしれないと考えた。
	「そうなんや。お家の人と学校のこと話したりする？」	
「ううん。全然話さへん」		
	「お話聞いてほしいなって思うことある？」	
「あるよ。でもいつも疲れてそう」		
	「そうだよね。お話したいって思うよね。Ｇさんはお母さんのこと気遣ってあげてるんやね」	
病院に到着すると急に表情が硬くなり、怖い怖いと言っていたが無事に鉛筆の芯を取ってもらうことができた。病院を出るとＧの母が車で来てくれており、状況を説明したが説明が終わる前にＧに向かって「お前何してんねん！」と厳しく怒鳴りすぐに車で帰ってしまった。		

児　童・生　徒	教　師	アセスメント
		母がGのことを心配する様子がなく、Gが全く母に話をできていなかった様子から、家庭でもこのような状況が多いのかもしれないと考えられた。
	病院からの帰り道「Gさん、鉛筆無事に取れてよかったなあ」	
「うん。でもちょっと痛かったし、あの機械怖かった」		
	「頑張ったね。こんなに大変な思いしたから、もう鉛筆入れたりしたらあかんよ」「そもそも何で鉛筆入れようと思ったん？」	
「ほんとはな、もう片方の耳にも入れててん。そっちは取れたから反対の耳も大丈夫やと思って入れた」		授業中に落ち着かず、衝動的に鉛筆を耳に入れてしまったようだった。Gの衝動的な行動や落ち着きがなく度々不注意でのケガをしてくることから、多動性や衝動性といった特性があることが考えられた。
	「そうやったんか。片方できたらもう片方も大丈夫だと思ったんやね」	

Q7 この事例を読んで、あなたが考えたことは何でしょうか？

Q8 ADHDに関して知っていることを挙げてみよう。

Q9 あなたが養護教諭ならどのように対応・支援しますか？

事例14　行きたいけど、難しい

【突然、欠席が続き始めた1年3学期】

　Aさんは、中学1年生の3学期から突然、欠席が続き始めた。

　それまでは、数か月に１、２回欠席するぐらいであまり目立たない生徒だった。

　２月から、教室ではなく別室でなら登校できるかもしれないとのことで、相談室登校が始まった。

　相談室では、教員ではない支援員も中心に対応している。

　私自身、何度か相談室に行きコミュニケーションを取っていた。

「今日は、頑張って来られたんやね。自分で頑張ろうと思ったん？」

「……。お母さんに学校に行ってきてって…」

「そっか、お願いされたんやね。最近、学校に対して、０が行きたくない、５が行けるっていう感じだったら今の気持ちはどれぐらい？　紙に書くから数字で教えて」

　彼女は、１〜２のところに丸を付けた。

「なるほど。そしたら教室ではない相談室やったら？」

　今度は、４のところに丸を付けた。

「学校のことを考えたら、頭痛とか吐き気とか身体がしんどくなったりすることはある？」

　この質問に対しては、首を横にふる。

「そしたら、１月に休んでた間は食欲とかはあって、夜もしっかり寝てたんかな？」

「はい」と言葉で答えてくれた。

「なら、一安心やわ」

　彼女は、選択肢がある質問でなければ答えることが難しく、それであっても返答に時間がかかる。会話中も視線が合うことはほとんどなく、常に俯いている感じで表情はかたい。

　１か月近く休んでいた間も、就寝起床時間は変わることなく、登校できなくても制服に着替えており生活リズムは大きく変わらなかったことが分かった。

　相談室での彼女の様子は、学力は平均よりも高いこともあって、与えられた教科の課題に黙々と取り組んでいた。本人も授業についていけなくなることに対して焦りや不安もあったので、学年の方針としても早く教室に復帰できるように促していた。

　保護者の話では、「欠席するようになった理由は、仲の良かった友人に新たな友人ができ、自分が１人になってしまったからではないか」とのことであった。

「３学期に入って、ちょっとエネルギーが切れちゃったみたいやけど、何か心あたりがある？」と聞いてみた。

「……」

「Ａさんは誰か仲が良い人おる？」

「……」

「吹奏楽部の中だったら？」

「Ｂさん」

「ＢさんってＡさんにとってどんな人？　一緒におって楽しい？」

「……いや、別に…」

「あれ？　遊びに行ったり、よく会話とかもしないの？」

「…ん ── ん」

「なんとなく一緒におる感じかな」

「うん…」

　学校から足が遠のいた理由は、友人がきっかけと思っていたが、本人とのやりとりでＢさんに対してそこまで依存していた様子も感じとれず、本当に欠席の理由がそれだけなのか疑問が残った。

「今のクラスはどんな感じ、にぎやか？」

「うん」

「騒がし過ぎるクラスってちょっと苦手かな」

「うん」

「教室で授業を受けようかなって思う気持ちはあるの？」

「……」

「数字でいうたらどれぐらいかな？（紙を差し出す）」

　２のところに丸をする。

「０ではないんやね。ちょっとずつできるところから頑張ってみよか」

　クラスは落ち着いていない訳ではないが、授業によっては盛り上がり過ぎるところもある。昼休みには他クラスの生徒もその教室に遊びにくることが多く、静かに過ごしたいＡさんにとっては、安心して過ごせる環境ではなかったことが予想される。

　相談室登校はその後も続いた。Ａさんが１人で登校することはなく、支援員が家庭訪問

をして、ようやく登校できるという日の繰り返しであった。

　ただ、最後の学期末のテストは受ける予定であったが、テストが近づくにつれて欠席が増えていった。学期末テスト1日目、副教科のテストは受けることができずに終わった。欠席した理由は、提出物の課題が終わっていないこと。また副教科の授業は3学期に受けていないので内容もわからないから受けたくないとのことだった。担任に今までの提出物の状況を確認すると、提出率は悪いとのこと。Aさんに理由を尋ねると、課題の提出は、期限に間にあわなかった時に、どのように声をかけて提出したらよいのか分からなかったから。また、完全に終わった状態でないと提出したくない、とのことだった。

　欠席の理由が友人関係のものだけだと考えていたが、Aさんと関わる中で、今まで与えられた指示には、何とか上手くこなすことができていたが、提出物を出さない理由からも困った時や疑問に思うことを人に聞くことができず、学校生活を過ごす中で上手く対応しきれず欠席するようになったのでは、と考えた。本人は、「クラスが変われば教室に入れると思う」ということで、新型コロナウイルス感染症による突然の学校休校もあったので、学年が上がり環境が変化してどうなるか様子を見ようという学年の方針となった。

【2年生1学期　分散登校から通常登校へ】

　2年生になってからの初めての登校日は、5月半ば、新型コロナウイルス感染対策のために、クラスの人数を半分にした分散登校であった。

　その日は、遅刻をすることもなく教室に入ることができた。分散登校の2週間は、順調に休むこともなく教室で授業を受けることができた。このまま登校が続くかと思えたが、分散登校が終わり、通常の登校に戻ると、欠席が増えて教室に登校することができなくなった。

　母親から、1人で行きそうにないから家庭訪問をして登校させてほしいとのことで、支援員が迎えにいく日々が再び始まった。本人は、教室に入る気持ちはあるけれど中々うまくいかないが、6月に1度、3限目から教室に入ることができ、放課後には部活に参加することができた。その旨を担任が保護者に連絡すると、帰宅後にAさんがクラスの子とどう接していいか分からないと泣いていたことが保護者より確認できた。翌日、相談室には登校することができたので、Aさんと話をした。

　「昨日、お母さんから電話で聞いたんやけど、教室やっぱりしんどかったのかな？　クラスのことで困ってるって聞いたんやけど…」

「……」

「お母さんに、何か言われた？」

「お母さんに、『友達と喋れたんか？』『何で話しないの？』って言われた」

　欠席が増えた頃から、母親も「どうしたらいいか分からない。本人が何を考えているか分からないし、聞いても答えないからイライラして怒ってしまい喧嘩になってしまう。このまま引きこもりになったらどうしよう…」と少しパニック的な様子で学校に電話をかけることが度々あった。Ａさんは、母親に対してマイナスなことや不満を言うことはなかったが、母親がＡさんにいらだちをぶつけて、それが彼女にとっても負担となり部屋から出てこなくなるといった悪循環になることもあった。

「今、学校とか教室に行くことに対して何が不安かな」

「……」

「授業でどんなことをするかとか、見通しが分からないこと？」

「……」頷く。

「それだったら、先生たちにお願いして前もってどんなことするか、教えてもらって事前に不安を少しでも潰すことはできるよ。けど、どうしても欠席が増えてしまったら、その分の遅れは取り戻していかないといけないから、全部の授業とは言わないけど、できることから、頑張って授業受けてみない？」

「……」頷く。

　分散登校から通常登校に戻り、人数が多い中で授業を受けることに不安を感じていたとともに、Ａさんは、自分の座席が分からないから登校しづらかったとのこと。一つのことで躓くと解決方法を考えることもなく、行動にうつすことができない点は大きな課題と感じていた。そのため、できるだけ見通しをもって行動できるように配慮をかさねていった。初めは相談室に登校しても上手くいけば途中から教室に行く時もあった。ただ、半ば強引に教室で授業を受けさせようとしたときには、教室の前の廊下ではじめて泣きじゃくり、その日を境に再び欠席するようになった。家庭訪問に行っても母親が仕事で不在であれば扉を開けることもなくなった。

　支援員や担任と話し合った中で、少し周りがＡさんの意志に反して、プレッシャーをかけすぎたように思われる。今まで家庭訪問であっても教室に入るように強く働きかけても無理な時は動かない。ただ、上手く教室に入った時を振り返ると、教師側があまり何も言

わなくても自分から準備をして行動していることが多い。Aさんの意志を尊重して、大人が強く押すのは一旦やめようということになった。

【迎えに行くことは…2年生11月以降】

　7月から10月まで、Aさんが登校することはなかったが、Aさんの様子は、母親が月に1度スクールカウンセラーとつながっていたので、そこで様子は聞くことができた。

　リビングではあまり過ごすことなく自室にいることが多く、生活リズムも乱れているとのこと。

　スマホは、22時までの制限があるが、部屋で何をして過ごしているか母親も分からないとのことだった。11月に入り一度電話で本人に連絡をとってみることにした。

　電話での声は、暗いわけではなく、時折笑ってもくれたが、家にいる間をどのように過ごしていたのかはよく分からなかった。

　「Aさん、そろそろ学校きませんか？　もう前みたいに無理に教室に引っ張ったりはしないし、リハビリをかねて少しずつ登校してみませんか？」

　「はい」

　その時の返事は迷った様子もなく、はっきりした声での返事であった。ただ、一つ約束として、家庭訪問には行って迎えに行くことはしないこと。登校できるかどうか、電話で確認はするが、どうするかはAさんが決めることを伝えた。実際に登校できたのは、11月以降は5回程度で、配布物を取りに来たり、折り紙をして過ごしたりした。

　長期の休みを経て、再び登校する意志はみられた。本人の気持ちとしても高校への進学を希望しており「勉強したい」とのことだったので相談室で勉強できれば良かったが、1年3学期の欠席した頃から勉強することは自宅でもなかったので、何から手をつけたらよいか分からない状態であった。春休みに本屋にいって1年間の総まとめのようなワークを自分で探してみるのはどうか提案した。

SOAP

児　童・生　徒	教　師	アセスメント
3月3日（水）10:40【TEL】	【TEL】 母親が電話に出て、本人はまだ寝ているとのこと。 電話で話している近況などを伝えて電話終了。	母親は週に1回、平日は仕事が休みの日があり、その日は部屋から出てこないor寝ている時が多い気がする。
3月4日（木）10:40【TEL】 不在 　　　　　　11:40【TEL】 おはようございます。（声まだ明るめ） …ふふ。（苦笑い） …11時ぐらい。（苦笑い） ……。（思い出すのに40秒ぐらい） 12時ぐらい。 （苦笑い）ふふ、…関係ないと思います。	N中学校のMです。Aさんですか？ おはようございます。 今日は何時に起きましたか？ なに、笑ってんのよ。え？　起きたてほやほや？ あらま！　Aさん、昨日って何時に起きた？ 昨日も午前中に電話してたんやけど。 すごいな！　そんなぶっ通しで寝られるんや。 待って。Aさんに電話するとき、お母さんが仕事休みやったら部屋から出てこないとか寝ている時多い気がするんやけど、これって気のせいかな？（笑） そしたら、ほんまにそろそろ生活リズム戻していかなあかんな！ ほんで、今日の気分はどうですか。天気良いし昼から来るか？	以前にも似たような質問をした時に、あえて母親を避けているのではなく、ただリビングにいても何もやることがないから自分の部屋にいることが多いとのこと（部屋には鍵がついている）。 今回の返事の様子からも、母親を避けているようにはあまり感じられない。

児　童・生　徒	教　師	アセスメント
………。（約1分沈黙） ……。今日は厳しいです。 はい。 さようなら。	ん？　迷っている？　もう答え決まっている？ Aさんが決めてくれていいよ。 わかった。そしたら、今日はやめとこうか。 とりあえず明日も午前中10:30ぐらいに電話するからそれまでには、起きるのは頑張ろうな！ そしたら、また明日かけるね。 さようなら。	
3月5日（金）10:30／11:30／14:00【TEL】 つながらず 3月8日（月） おはようございます。（ちょっと暗め） …8時。（苦笑い） 昨日、寝たの早かったから。 ………。（1分ほど沈黙） 今日はやめときます。	 11:00【TEL】 N中学校のMです。Aさんですか？ おはようございます。 今朝は何時に起きられましたか？ はや？　目が覚めたん？ そうか！ 今日の気分はどうですか？ お昼から来ちゃいますか？ どっちでもいいよ。Aさんが決めてくれたらいいからね。	時々、全く電話に出ない日がある。 だいたいは寝ているか電話に気づかないらしい。 本人の当日の気分で登校するかどうかを決めてもらうようにしている。ただ、今週は時間割が変則的なため、前日から登校に向けての声かけをした。以前（1学期）はしんどそうに返事していた様子だったが、最近では前向きな様子で返事してくれるようになった。

…はい。（結構、元気の良い返事） はい。 さようなら。	OK。ただ今週やねんけど、卒業式の準備とかもあって、5・6時間目あるのは明日だけやねん。水・木も午前中に来てくれても大丈夫やけど、明日はちょっと頑張ってみる？ よっしゃ。そしたら明日頑張ってみよか。 万が一、明日になって気持ちが"うにゃうにゃ～"ってなっても構わないから、電話にだけは頑張ってでてね！ そしたら、また明日の午前中に電話するね。さようなら。	
3月9日（火） 不在 3月10日（水）11：00【TEL】 母親につながる。本人に代わってもらう。 おはようございます。（まだ明るい方） ……。寝てました。（苦笑い） 14：30ぐらい。（苦笑い） ……2時ぐらい。	10：00／11：30／14：00 【TEL】 もしもしAさんですか？ おはようございます。 昨日はどないしました？ 電話きづいてた？ え、14時にも電話してたけど、何時に起きたん？ も～どういうこと！！ 寝たの遅かったん？	前日に登校する意欲はみられたのに、なぜかTELに出ない。寝ている？ 当日になって登校する気分ではなくても、電話に出てくることはあるから、わざと無視しているようには思えない。 登校に向けての気持ちに対しての行動があまりみられない。"明日は登校する"と自分で決めたことに対して、達成できるように何か少しでも自発的に小さなことから取りくむ力が必要。

…ふふ。そんなことはないです。 ……（沈黙）眠たくなったら寝る…。（苦笑い） はい。 さようなら。	え？明日学校行くんか〜。とか考えたら寝られなくなったとか？ 逆にどんな気持ちで寝るん？「明日は、起きないと！　頑張ろ」て感じなのか、「ただただ眠たくなったから寝る」って感じなのか。 あ、そういう感じなのね。とりあえず、今日はお昼から準備とかでバタバタしているけど明日、また午前中に電話はするね！ そしたら、さようなら。	
3月15日（月）16：00【TEL】 11時くらい…。 はい。 …。アラームに気づかないんです。 ふふ…。それも気づかないんです（苦笑い） ふふふ。（笑）	もしもし。今日の調子はどうですか？ 今日は何時に起きました？ あらま、けど、まだ７時にはアラームしているの？ そっから、２度寝、３度寝してしまうの？ そしたら、睡眠のリズムが戻るまで、家族にちょっと手つだってもらって起こしてもらうとかは？ そんなことある？(笑)　起こし方が甘いのかな？ もう水でもなんでもぶっかけてもらったら！(笑)	

	けど、１年の３学期とか学校休んでいたときも７時には起きて制服も着替えた習慣はついていたから、そろそろほんまに戻していかないとあかんね。	
はい。	ちょっと睡眠のことでやってほしいことあるから、次学校来た時にまた色々お話しするわ。	
はい。	そしたら、また明日電話するけど、学校に来れなくても、お昼までに制服着て準備するところまでは、できそう？	
…できると思います。	よし、そしたらまた明日電話するね。さようなら。	
さようなら。		
3月16日（火）12：40【TEL】	Aさんおはよう。今制服には着替えて…？	
…ます。（苦笑い）	お昼ご飯も食べて…？	
…ます。（苦笑い）	おお！　すごいやん。ほんで今日の気分はどない？お昼から来るか？	
………。（沈黙）	今日は、時間までに制服も着たしがんばったな。あと、どこまでやったら頑張れるかな？ってところやねんけどAさん、今日お外に出る気持ちはある？	
…あります。（わりとハキハキ）	よし、それやったら校舎の中に入らなくても門の前で少しお話しして帰るっていうのはどうでしょう？それやったらできそうかな？	門まで登校を促すのは、１年や２年の初めのころにも提案したことはあるが、「やってみる」と決意したところまでいったのは今回が初めて。

…できると思います。（ちょっと迷いながら）	よしよし、それやったら後は、何時に出発するかやねんけど、インターホンは自分で鳴らせそうかな？ それか学校着く時間言うてくれたら、門の前おるけど？	今まで行くか行かないかの２択でしか決めることができなかったが、途中まで頑張る選択肢を選べた。
んん……ん。やっぱり…。 行きたいけど、難しそうです。	やっぱり？　どうしたの？ わかった。 そしたら一応14：30までやったら他の生徒と会うことはないから、もしそれまでに決心ついた時は、門のところまでおいで。 Aさんに任せるよ。 ただ、明日も今日みたいに12：30までに、制服着てご飯も済ませておくことはできるかな？	途中でやっぱり無理だとなった時、以前は黙ることしかできなかったけれど、今日はその気持ちを相手に伝えることができた。残念ではあるが、今回は無理をさせず本人の意思を尊重した。
はい。 さようなら。	よし、そしたらまた明日も電話はするからね。さようなら	
3月17日（水）12：30【TEL】 おはようございます。（暗め） （苦笑い） ないです。（苦笑い） ないです。（苦笑い） あります。（わりとハキハキ）	おはようございます。 あら、今日はえらい暗いな。 ほんで、制服には着替えて…？ おいおーい。ご飯はたべて…？ 待って？　今日は学校来る気は？	気持ちはかなり憂鬱そう。 学校の準備をしていないことから今日は無理かなと思ったけれど、返事の様子から、行く決心はしている様子。

115

炊き込みご飯です。	あ、良かった。お昼は何食べるの？	
	そしたら、炊き込みご飯食べて制服着替えてから 13：30 には出発できそう？	
……（沈黙）迷っている様子。	そしたら、今から１時間後にまた電話するから、それまでに着替えとご飯は済ませられそうかな？	
はい。	そしたら、また後で電話かけるね。	
	【１時間後】 準備できました？	
…制服がまだです。	いっぱい炊き込みご飯食べてたん？　そしたら、制服着替えたら出てくるか？	
…はい。	そしたら 1：40 に家出る？	
……。（沈黙）	インターホン鳴らせるなら自分のタイミングで来てくれたら良いしそれが厳しかったら、２時に門の前におるから、その時間帯にめがけておいで。	
はい。	そしたら、また後でね。	
【14：03 登校　保健室横　相談室】 ＊担任が空き時間だったので、担任と１時間程度、折り紙（学年の先生に渡すお花づくり）をした。 【折り紙終了後・担任と交代】	Aさんにやってほしいことがあるねん。	

	これ、睡眠の記録表やねんけど、寝ている時間を黒く塗りつぶすだけやねん。これを継続していくことで、Aさんの睡眠のリズムがわかるから、ぜひやってほしい。	
（昨日と今日の睡眠時間を塗りつぶす）	これを2週間、頑張って続けてほしい。 また学校にきたときに持ってきて一緒に確認しよ。	
はい。	今日って、前に買った問題集、持ってきてたん？	前日に問題集の話はしていなかったけど、購入した時から、登校するときは持ってくるように伝えていたので事前に確認しなければ持ってこないのかな？ 次回は登校してから、どのように過ごすか？　受け身ではなく、自分で考えて行動させてみる。
いや、持ってきてないです。	そっか、また次はちょっと勉強する時間つくろうか。 そしたら、15：25にみんな下校やから、それまでに帰ろうか。	
【15：20　下校】		
3月18日（木）10：45【TEL】 不在 　　　　　　12：45【TEL】 おはようございます。（寝起きみたいな感じ） …はい。（苦笑い）	おはようございます。 え？　起きたてほやほや？ あらま～。そしたら昨日渡した睡眠記録ちゃんと塗ってね。 あ、生徒きたから、いったん切るね。 5・6時間目いつ来てもらっても大丈夫よ！（笑）	ここ最近の登校できない理由が、今までは朝に起きていても気持ちがのらなかったのが、今では登校する気持ちがあっても、朝起きられないことから、1日のスタートが崩れてしまい、登校できないように感じる。
…え、いや…。（苦笑い）		

	今日は気分じゃないんやね。そしたら睡眠の記録だけは頑張ってやってね。では、また明日。	
はい。さようなら。		

Summary

【経過】

　1年の3学期から欠席が続く（休日の部活：吹奏楽部に1月中は参加していた）。

　学校に行かないといけないと思っている（勉強するために）。

　けど、気持ちがついていかない。学校の何が嫌なのか本人もよく分からない。

　1年生の2月から相談室登校が始まる。基本的に相談員の先生が家庭訪問を行い一緒に登校する。相談室では自習中心に学習を行う。

《2月末　期末テスト》

　本人も成績や学習の面を気にしていたので、授業を聞くために徐々に教室に戻るように促す。調子が良ければ1日に1・2コマ教室に入った日もあったが、テスト1週間前から欠席が続き、1日目（副教科）は欠席。他クラスの学級閉鎖の関係で、テスト期間が翌週に変更。ただ、新型コロナウイルス感染症により一斉休校になったため、期末テストが中止になる。

《2年生　1学期》

　分散登校の初日は遅刻することなく1人で登校。教室に入ることはできず相談室へ。

「2年生になってクラスが変わったら教室に入れると思う」

「2年生になって」をテーマにした作文でも、"部活をがんばりたい"、"コロナの影響もあって家庭学習しかできなかった分、遅れを取り戻して、3年生にむけて良いスタートがきれるようにがんばりたい"との考えも作文ではみられた。通常登校再開後、教師側も本人に教室へ戻るように促すことが増えてきた。時々、自分から教室へ行くと決意することもあった。

　ただ、テスト1、2週間前から教室へ戻るように強く促しすぎたこともあってか、廊下で固まって泣いてしまい、そこから欠席が再び続きテストも全て欠席。

《２年生　２学期》

　学校を欠席するとしても、朝の起床時刻は変わらず制服にも着替えていたが、この頃から家の中でも部屋から出ないことが多く本人に電話連絡を拒否される日が続いた。母親の不安もピークになり、母親とSCがつながる（本人は、以前からSCとの面談は拒否）。当分は学校からの登校刺激（朝の連絡：出欠確認）も控えることとなった。

　11月から定期的（週２、３回）に電話連絡をはじめた。徐々に電話でつながる機会も増えてきて、本人の登校に対する意欲もみられてきた。２学期の終業式の日、全体が下校した後に１人で学校へ来ることができた。

《２年生　３学期》

　１月からは、ほぼ毎日電話連絡を行った（午前中に１回・たまに午後にもう１回）。

　時々、電話に出ない時期が続くこともあるが、比較的電話で話せる機会が増えてきた。

　１月中旬ごろから、登校に向けての作戦を一緒に話すこともでき、２月25日と３月２日と３月16日に午後から１時間程度保健室へ登校することができた。

【家庭環境】

　父親・母親・妹（幼稚園年長）

　父親は、出張が多く家にいないことが多い。

　母親は、平日働いている（8：30〜16：00）。Aさんが急に欠席するようになり、成績や進路の面でも強く不安や焦りを感じている。学校へ行かないこと、色々と問いかけても、答えてくれない（答えられない？）。Aさんに対して強くあたってしまうことがよくある。

【本人との関わりを通して】

・表情はいつも暗くあまり目も合わせないが、時々こちらからの問いかけや冗談には、笑顔をみせてくれることがある。

・二者択一などの質問に対しても、ゆっくり時間をかけて考えてから返答している様子。

「今日は、○○までやったら頑張れそう？」などの問いの返答に「できる・できない・わからない」の選択肢をあたえても数分ほどはかかる。

自分の気持ちや、どうしていきたいか？　何に困っているか？　などの考えを自分

で、言語化できるようになってほしい。

・成績のことを気にしているわりには、提出物に関しての意識は低い。なぜ出さないのかと尋ねると、「提出日を過ぎたら、誰に、どこに渡したらいいかわからないから」とのこと。
その他のことでも、分からないことや困ったことがあった時、助けを求められない。
見通しがたたず、不安なことや苦手なことに対して、取り組むこと自体をやめてしまい、「自分のできるところまでやってみる」という考えには至らない。

・教室に戻るように強く促していた頃（2年1学期）を振り返ると、教師側もAさんの今の段階に見合ったもの以上のことを強く求めすぎていた。
こちらから強く促さなくても、Aさんなりにじっくり考えていて、たまに教師側も予期していないタイミングで「次、教室に行きます」ということがあった。
そこで、Aさんのペースに合わせることなく、教師側が「さっき行けたんやから、次も頑張ろうよ」というスタンスになってしまい、Aさんの疲労感がピークに達してしまったように感じる。

【Aさんに身に付けてほしいこと】
①自分の気持ちや、どうしていきたいか？　何に困っているか？　などの考えを自分で、言語化できるようになってほしい。

②見通しがたたず、不安なことがあっても「自分のできるところまでやってみる」また、目標の達成に向けて自発的に何をすべきか考えて行動できるようになってほしい。

【電話連絡：話をしていた話題の主な内容（プラン）】
　11月：生活リズム・体調のこと・家での過ごし方　（学校と直接関係のない話中心）
　12月：学校へ登校することに関して今の気持ちや考えの確認 ➡ 『学校へ行きたい』
　1月／2月：3学期、登校を増やしていくにあたっての作戦会議
　3月：3年生に向けての作戦会議

「学校へ行きたい」という意志を確認することができるようになってから、登校に向けて

の話を中心にするようになった。

【本人の希望】

学校の中では人目を避けたい。／1・2時間程度を目安に登校／午前よりかは午後から

とのことだったので、当日の10：30頃に電話をして登校するかの確認をした。
気持ちがのれば、5時間目をめがけて保健室に登校するという流れをつくった。
（通常の相談室は2年校舎にあるため人目が気になるとのこと。）

　2年次、家庭学習ができていない（担任が授業プリントを持って家庭訪問を行うが指示等なしでプリントに取り組むのは困難に思える）。副教材、学校でもらったワークもどこから手をつけてよいかわからない。2年生の学習ができていないことに大きな不安を感じているので、本屋で自分にあった2年の総まとめ問題集を買うように提案してみた。

　3月に国語以外の4教科の問題集を自分で選んで3月上旬に購入。まだ学習のリズムは中々できていないが、登校した時は問題集に取り組み、学習を少しでも定着できるように提案。本人も乗り気であった（3月18日に登校時は持ってこなかった）。

　3年生になったら、授業をうけるためにも教室へ入りたいとの発言もあった。
　そのリズムを作るためにも、生活リズムを整えて週に数回でもいいから登校してみるように提案。本人も気持ちでは、週に2・3回登校したいといっているが、生活リズムの乱れ等もあり、登校できて週に1回のペース。

事例15　リスカしている私ごと認めてくれた（その1）〜出会いと初期の関わり〜

　養護教諭として赴任し約2週間が経った頃、体育館での全校集会に入れず、入り口から顔を出してはすぐに引っ込める中学2年のHさんと出会った。周りに怯えながら、目が合うとそらす。髪の毛は不自然に整えられ、脱毛している部分を隠しているように見えた。集団に入らないHさんに対して教職員は、入らないことが当たり前のように振る舞う。そんなHさんと教職員の姿を見て、前任の養護教諭から引継ぎで聞いた、『自傷行為があり、精神的にも不安定で祖母と暮らす女子生徒がいる』ということを思い出すとともに、想像以上に特別な事情がありそうだと感じた。

　入口の横に立っていた私は、目が合った時に「おはよう」と挨拶をした。返事はなかっ

たが、知らない先生にじっと見られていてもプレッシャーを感じるだろうと思い、その後は集会を聞いている素振りをしながら見守り続けることにした。するとHさんの方から、

「先生は、何の先生？」と尋ねてきたので

「保健室の先生で、Iっていう名前です。（名札をみて）Hさんって読み方で合ってるかな？　よろしくね」

と答えた。Hさんは養護教諭が変わったことに少し驚いている様子だったが、小さくお辞儀をしてくれた。

何度か同じように集会に入れないHさんに対して、挨拶を欠かさず行い、Hさんの斜め前の位置に立ち続けた。また、集会以外でも会ったときは必ず声をかけていた。すると、ある日の集会中、Hさんが私の服をつんつんと引っ張って、自分の横に私を招いた。

「ん？　どうした？」と尋ねたが特に返事はなく、話がある様子ではなかったため、

「このままHさんの横で一緒に○○先生の話を聞いていてもいい？」と聞くと「うん」と答えた。これまでHさんと私の間に見えない壁のようなものがあったが、この時初めてその壁の内側に入れた気がした（私との間にあった心理的距離が少し縮まり、私たちの関係がほんの少し一歩前に進んだような気がした）。これ以降、集会の時は最初からHさんの横に立ち、立つ位置を少しずつ体育館の中へ近づけていった。嫌な顔をするときもあったが、「横にいるからこっちおいで」と手招きすると中へ入ることができた。また、挨拶を交わす際など、服を引っ張ったり手招きしたりと言葉を発することが少なかったHさんが、だんだんと「I先生、おはよう」と名前を呼んで挨拶してくれるようになった。

Hさんは、普段から学校を休みがちで、遅刻や早退も多い。遅刻といっても午後に来ることが多かった。友達は少数だが、登下校や休み時間など楽しげに過ごす時もある。友達に対しては身体的距離が近く、むしろ近すぎると感じるくらいであったが、教員など大人に対しては触れられることを嫌がり、身体的距離は遠く、会話も含め関わりを持とうとしなかった。前任の養護教諭の時は保健室に頻回来室していたそうだが、私に代わってからはまだ一度も来室したことがなかった。

これらの様子や引継ぎの情報から、パーソナルスペースがかなり広く警戒心が強いこと、心を開くまでに時間がかかるが、付き合いの長い友人とは心理的距離間が保てず依存傾向にあること、大人に対する信頼がなく関わりを持とうとしない、放っておいてほしいが独りは寂しい、構ってほしい・甘えたいという気持ちがあることが分かった。

このころのＨさんへの支援・対策

　私が養護教諭であることを伝えたときの反応と、他の教職員との距離感を見て、まずは学校の中でのＨさんの日常に、私という存在が自然と溶け込んでいくよう、Ｈさんの視界に入る位置に毎回立つようにした。Ｈさんが何か言いたい時に伝えられるきっかけを作るため、挨拶を欠かさず行った。

　また、行動の変化を観察し、教室での様子や担任や学年の教員が知っている情報を収集した。

　この時に得た情報は、中学生になる前に母と死別し祖母と暮らしていること、大人の男の人が苦手なこと、髪の毛の抜毛は自分で抜いてしまう抜毛症であること、学校ではしたことはないがリストカットの跡があり長袖を着ていること、などであった。

事例15 （その2）～初めての来室と好調だった1学期末～

　集会のたびに横に立って挨拶をする生活が約２か月経過したころ、「今日の調子はどう？」「朝ごはん食べてきた？」「今日の給食は○○だって、楽しみやね」などの何気ない会話が５往復程度できるまでになっていた。保健室に来室することはあまりなかったが、会えば話をするような関係だった。欠席日数も減少傾向にあり学校にいる時間が増え始め、遅刻は多いままだったが、登校時間は早くなっていた。Ｈさんは国語と社会が得意なようで、授業に入ることもできる。他にも、家庭科や英語など女性の先生が担当する教科は比較的入れており、担任とも「最近調子があがってきていますね」と話していた。

　１学期もあと１週間で終わろうとしていたころ、11時頃にＨさんが初めて保健室に来た。

　「Ｈさん、おはよう。どうしたん？」と尋ねると、

　「頭が痛くてクラクラする」と訴えた。

　体温計を渡し、測りながら問診を行う。その結果、登校してすぐに保健室に来ており、朝8時頃に自宅を出てから学校に着く11時までの約3時間、水分補給もせずに外にいたということが分かった。経口補水液を渡し、水分補給をさせながら団扇であおぎ、30分ほど涼んだ。顔色も良くなり、頭痛も治まってきたというので、授業に行けそうか尋ねると、

　「授業の途中で教室に入るのが怖いから、次の時間から行く」と言った。

　今の授業があと10分ほどで終わることもあり、Ｈさんの意思を尊重し、学年の先生とも相談のうえ、授業が終わるまで保健室で様子をみることにした。

　話ができる状態だったので、登校にかかった3時間、外で何をしていたのか聞くことに

した。

　「Ｈさん、今日は朝早くから学校に行く準備をして偉かったね。でも３時間かかったのはどうしてだろう？　暑い中どうしてたの？」と尋ねると、

　「えらいやろ？　早起きしてんで今日。でもな、集会の途中に行くの嫌やなと思って遠回りして歩いててん。そしたら、なんかフラフラしてきて、駐車場の日陰に座ってた。少したってましになったから、また歩き始めて、でもまたしんどくなって、同じように休憩しながら学校来たら11時になってた」

　と笑いながら答えた。偉かったねという誉め言葉を伝えたとき、Ｈさんの表情はより明るくなり、喜んでいる様子が見て取れた。すぐにしんどくなっていることから、睡眠不足や欠食・脱水といった生活習慣の乱れが考えられ、簡単に保健指導を行った。それでも休みがちなＨさんが朝から学校に来るためにいつもより早起きしたことは大きな進歩であり、良い形で１学期が終えられるように、

　「朝から学校来ようとしてくれて、先生めっちゃ嬉しいわ。もうすぐ１学期も終わるし、遅刻せずに来られる日が増えたらもっと嬉しいんやけどな」と伝えると、

　「え〜、早起きしんどいやん。でも頑張ってみよっかな、起きられるかわからへんけど」とＨさんは言った。

　Ｈさんは次の日、結局10時頃に登校しており、昼休みに声をかけると、夜更かしして寝坊し、朝食を作って食べていたため遅刻したことを教えてくれた。朝食に関しては、前日の保健指導の中で触れており、さっそく実行してくれた。その後も調子よく登校が続き、夏休みに入った。

このころのＨさんへの支援・対策

　新年度になって２か月経過したことで、私や新クラスに慣れてきているように感じた。それでも、授業や集会の途中で入ることや男性教員の授業は苦手であること、頻回来室だったはずのＨさんが一度も来室していないことから、日々の挨拶や声掛けなどは継続して行った。

　初めて保健室に来室したときは、心因的なものではなく熱中症（熱疲労）であったが、生活習慣の乱れの原因は、不眠や不安感など心因的なものからきているのではないかとも考えた。そのため、来室の次の日や夏休みに入るまでは毎日、休み時間や登下校時に声をかけ、些細な変化を見逃さないようにした。また、他生徒からすれば朝から登校することは当たり前であり、担任や学年教員もあまり褒めていなかったため、保健室では朝から登

校することも含め当たり前なことを褒めたり認めたりすることで、Hさん自身が自分を肯定できるように促した。

事例15 （その3）〜2学期から3学期にかけて〜

　夏休みが明け、Hさんは始業式に登校しなかった。調子が良かった1学期末から約2か月間のHさんの様子が気になり、夏休みに祖母と連絡を取り合っていた担任に話を聞くが、特に変わった様子はないが確認はしていないということだった。

　それから2週間ほどして久しぶりにHさんが登校した。1学期末のような元気さはなく、まだ9月の暑さが厳しい時期にもかかわらずブレザーを羽織っていた。2〜3日後、Hさんは絆創膏が欲しいと保健室にやってきた。理由を聞くと、

　「腕の絆創膏を交換したくて」とポツリとつぶやいた。登校時のブレザー姿、腕の絆創膏ということから、リストカットだろうと考えた。

　「絆創膏、いろんなサイズがあるから、どれがいいかなぁ。大きさ確認したいから、怪我しているとこ見せてくれる？」と尋ねると、Hさんはおもむろに袖をまくり上げた。そこに貼られた絆創膏は血がにじんでおり、新しい傷のようだった。Hさんの腕を見たのはこの時が初めてだったため、いつからどの程度リストカットをしているのかわからないが、肘上あたりまで数え切れないほどの古傷が残っていた。

　「ここの絆創膏、貼り換えないとやね。5枚あれば足りるかな。痛かったね。でも、血も止まってきているし、早く治るといいね」と話すと、

　「痛いけど、辛いことを忘れられるから、痛いほうがまし」と答えた。

　「そうなんやね。辛いことがあると、いつもするの？」と聞くと、

　「そう。これもあれも全部、しんどい時とか、辛い時に気づいたらしてる」と教えてくれた。

　他にも色々と話を聞く中で、夏休み前に彼氏ができたが最近別れたことがリストカットの原因ということ、夜中に家ですること、祖母はおそらく気が付いているが特に何も言ってこないこと、今回は左腕だが、右腕にも数回したことがあることが分かった。その日は、教室に戻ることができず、担任と話をした後に早退することになった。不安定なHさんに対して、担任や学年、学校としてより注意深く様子を見ていくことになったが、祖母も精神的に不安定なことが多く、その時々で態度が大きく変わるため、担任が頃合いを見て伝えるということになった。

その後数日休みが続いたが、次に登校したときには少しだけ表情が明るくなっていた。5時間目が苦手な男の先生ということもあり、頭痛を訴え、1時間だけ保健室で休養することになった。新しい傷が増えていないか確認をするため、「前の傷、治ってきた？」と聞くと、前回同様すぐに袖をまくり、「かさぶたになったよ！　たまにお風呂で体洗うのに引っかかっちゃって血がでるから絆創膏してるところもある」と腕を見せながら話してくれた。腕には新しい傷もなく、話し方や表情から調子が良くなっていることが分かった。

「よかったね、もうすぐ治りそう！　今日のHさん、この前来た時より元気に見えるけど、何かいいことあった？」と尋ねると、

「実は…」と別れた彼氏と仲直りをし、復縁したことを嬉しそうに教えてくれた。

彼氏との復縁をきっかけに、また調子が良くなり始めたHさんは、時々学習室（空き教室）で自習をしながら、入れる授業はみんなと一緒に受けることができた。保健室にもたまに顔をだすが、リストカットはなく、家での様子、弟のこと等たくさん話をしてくれた。漢字が得意で、漢字プリントに取り組む日もあった。1学期末以上に調子の良いHさんだったため、次の不安定な波が来たらと思うと、こちらが不安になるほど調子が良いように感じられた。

調子が戻ってから2か月ほど経った11月。また少しずつ登校の回数が減り、遅刻も増えた。担任に話を聞くと、元々通っていた精神科のクリニックが遠いため、最近別のところに変えたという。新クラスや新学期など、環境の変化に弱いHさんにとって、主治医や病院の変更がストレスになっていることが考えられた。これまで登校した日に保健室に来ない日もあったが、この頃から登校した日は必ず保健室に来るようになった。保健室が利用できるのは1日1時間と決まっており、出張や病院引率等などで保健室が使えない時間もあった。そういう時は、

「Hさん、ごめん。今日は○時から○時まで○○しないといけなくて保健室使えへんねん。学年の先生に頼んで学習室行くか、頑張って教室行くかできる？」と言うと、

「ん～、じゃあ教室行ってみて無理やったら学習室行く」と寂しそうな顔をしながらも、自分の都合を押し付けることなく、何とか1日を過ごしているようだった。

この不安定な時期はなかなか抜け出せず、そのまま冬休みへと突入した。病院を変えてから、たまにリストカットがあったが、夏休み明けのような傷の深いものではなく、浅くて血もあまりでないほどのものが多かった。

このころのHさんへの支援・対策

　Hさんにとっては、『辛い時にするリストカットを含めこれが自分である』のではないかと考え、できるだけ冷静に、そしてリストカットの否定は避けるように接した。Hさんの気持ちに寄り添いながら、リストカットの頻度や傷の数と深さ、何がきっかけとなるのかなどの情報を早く集めるようにした。死にたいとは思っておらず、心の辛さをリストカットという形で表現し、一時的に痛みを感じることで心の辛さをカバーしている様子であったため、学校にいる間はせめてその辛いことを思い出したり、考えたりしなくて済むように、担任や学年教員と相談し、学習室の提供を始めた。学習室でも一人にならないよう、学年教員が付き添い、その教科のプリントに取り組むか、最近の出来事などを聞いていた。

　Hさんは、何の抵抗もなく私にリストカットしている腕を見せ、その経緯も話すことから、とにかく自分の辛さに気付いてほしい、心配してほしい、話を聞いてほしいと感じており、辛さ等を別の方法で表現することができず、リストカットという手段しか思いつかない、もしくはそれしか知らないのだろうと考えた。また、「祖母はリストカットに気が付いているはずなのに心配もしてくれない。だから私なんてどうでもいいんだ」というような愛着障害を感じさせる発言や行動もあった。そのため、来室の対応ができなかった時には、「Hさんのこと忘れていないよ、心配しているよ」という気持ちを伝え、学校に対して安心感を持ち続けてもらえるよう、翌日にはこちらから声をかける、リストカットの経過を確認し放っておかない、Hさんの気持ちを受け止めながらも、授業など同級生との交流も可能な限り参加させ、保健室だけでなく教室にも居場所があると感じられるよう工夫した。

事例15 （その4）～1番不安定になった3学期～

　3学期に入ると、また登校日数が減り、学校に来ているときの姿も足取りが重かった。明らかに調子が悪いように見え、保健室に来た際に以前リストカットをしていた部分の経過観察をするという口実で、新しい傷の状況把握を継続して行っていた。やはり、いくつか新しい傷ができており、

　「Hさん、どうしているかなって先生も担任の先生も心配してたんよ。冬休みも辛い思いしていたんやなぁ。先生、こうして絆創膏を貼りかえることで傷が治っていくようにしてあげられるけど、Hさんは傷が治っても心はすっきりしていないんじゃない？」と聞いた。すると、

　「傷が治らないと服に血がついてしまったり、半袖着られへんくなるから治ったらいい

なって思う。でも、そう思っててもまたやっちゃうし、血が出ているところをみて、自分は生きてるって感じられるねん」と言った。自分が生きていることを確かめている、生きていてほっとするという話もあった。

　それからも登校した日には保健室に必ず来るため、その際に最近の様子を窺っていた。リストカットの頻度も増え、傷もだんだんと深いものになっていた。そんなある日、絆創膏を貼ってほしいとHさんが来室。その日の様子はいつもと違っていた。ブレザーのポケットに何かを詰め込んでおり、腕を押さえていた。

　「Hさん、どうした？　腕、見せてごらん？」と言うと、袖をまくり、貼っていた絆創膏をはがして見せてきた。腕には浅いものの数十か所の真新しい傷があった。

　「これ、かさぶたがめくれただけじゃないよね？　もしかして今、学校でしたの？」と尋ねると、

　「うん。さっきした。いろいろ思い出して、トイレで」と答えた。

　学校でリストカットをしたのはこれが初めてだった。よく見ると、ブレザーのポケットには、血だらけのハンカチと大きなポーチが入っていた。傷口の処置をしながら話を聞いていくと、学習室にいたが、監督の先生がどこかに行って一人になったため、気持ちがプツンと切れてリストカットをしたくなったこと、ポーチに入れている顔剃り用のカミソリを使ったこと、何回か切った後も気持ちが落ち着かず保健室に来たことを教えてくれた。ポーチの中を確認すると、5〜6本のカミソリが入っており、絆創膏と持ち歩いているとのことだった。リストカットをしても気持ちが落ち着かなかったことを実感し始めており、それ以外の方法を模索しているように感じた。その日は保健室で過ごした後、担任とも話をし、気持ちも落ち着き、ハンカチの洗濯と血が付いたトイレの掃除を一緒に行った。カミソリは担任が2年生の終わりまで預かることになった。

　それから1週間ほどが経過したある日、Hさんがまた腕を押さえながら来室した。

　「Hさん、もしかして今さっきしたところ？」と尋ねると、

　「今、教室でしてきた。机の中で隠れてしたから上手くできなかった」と言いながら、押さえていた腕を離し、傷を見せてきた。少し深い傷が2本あった。もう少し話を掘り下げていくと、教室で授業を受けているときに、いろいろ思い出し我慢できず、机の中に両腕を入れ、ハサミを使ったということだった。絆創膏を貼ろうとしたが、他のみんなが気付くとびっくりさせてしまうため、気付かれないように押さえていたが、教室に居ることが辛くなり、保健室に来たとも言った。処置のあと、

　「いろいろ思い出して…って言っていたけど、何を思い出したの？　言いたくなかった

ら言わなくていいんやけど、どうしたのかなと思って」と尋ねると、Hさんは下を向いてしばらく黙り込んだ。言うか言わないか考えているようだったので、私は静かに待つことにした。すると、ぽつりぽつりと話し始めた。

「お母さんのこと思い出してた。命日がもうすぐで…。会えないってわかってるけど寂しい。…お母さんが死んだ日の朝、けんかして、お母さんなんて居なくなればいいって最後に言ってしまった。その日学校から帰ったらお母さん死んでた。お母さんが死んだのは自分のせい。自分なんか必要ない。自分が居なかったらお母さん死ななかった」

Hさんはだんだんとしゃくりあげるように泣きながら自分を責め始めた。

母親と死別したことは知っていたが、Hさんが最後に交わした会話や当時の状況を思うと、私は言葉が出なかった。ただただ、隣で泣いているHさんの背中をさすり、相槌をうちながら、落ち着くまで話を聞き続けた。少しずつ、落ち着きを取り戻したときに、

「Hさん、話してくれてありがとう。先生、Hさんじゃないから、どれだけ辛いか想像することしかできないけど、きっとその想像よりもはるかにHさんは辛いよね。Hさんの話を聞く中で、1つ伝えたいなって思うことがあるんやけど、先生の話聞いてくれる？」と言い、Hさんが頷いたので、

「先生は、この世の中に必要のない人はいないって思ってる。必ずすべての人に役割があると思ってる。例えば先生は、Hさんのように何か辛いことがあったときに話をゆっくり聞く役割があるし、学校でけがをした人の処置をするために必要やと思ってる。でもこれは、先生が中学生のときにはわからなかったんよね。だから、Hさんも、今は自分なんか必要ないって思ってると思うけど、いつか自分が必要とされる場所が見つかると思う。実際、弟たちの世話をおばあちゃんと一緒にしてるHさんは、弟たちにとって必要な存在だと思うよ。そうじゃない？」と話すと、Hさんは小さく頷く。続いて私は、「お母さんはお母さんの人生を自分で選んでいるから決してHさんのせいではない。だから、自分のせいでお母さんが、って責任を感じなくていいんだよ。それから、前にも少し伝えたと思うけど、リストカットをしてもなかなか気持ちは落ち着いていかないよね。Hさんが、誰かに迷惑をかけずに自分で何とかしようとしている気持ちはすごくわかるけど、先生はHさんが自分で自分を傷つけてしまって、身体も心も耐えられなくなってしまわないかとすごく心配。だから、気持ちが耐えられなくなったとき、リストカット以外の方法がないか先生や担任の先生と一緒に考えてみよう？　もちろん、気持ちが耐えられなくなる前に保健室に来ることも、無理をせず休むこともOK！　先生も心配だから時々顔見せに来てくれると嬉しいな」と伝えた。

Hさんは時々涙を流しながらも、私の話を最後まで聞き、否定することもなく「うん、うん」と頷いていた。涙で赤くなった目が治るまで、家族や学校の話をしながら休養し、少し表情が明るくなったところで担任と交代し、その後下校した。

その日は2時間ほどで落ち着いたものの、やはり2月は命日が近いこともあり学校にはほとんど来られなくなっていた。そのまま2月末になり、命日も過ぎたが、新型コロナウイルス感染症の影響で一斉休校となってしまった。

このころのHさんへの支援・対策

Hさんのリストカットに至る理由が「辛いことを忘れる」から「生きていることを実感する」に変わっていた。辛いことがあってリストカットをすることには変わりないが、『生きる』『死ぬ』という言葉が出てき始めたため、心の状態がより不安定になり、恋愛のことだけでなく他にしんどさを抱えているのではないかと考えた。

Hさんの母と死別した過酷なエピソードを知り、自分のせいだと思っていることや必要な人間ではない等と、自分という存在を完全に否定していることが分かった。命日が近くなり当時のことがフラッシュバックしている（心的外傷後ストレス障害）ことも考えられ、より丁寧に話を聞きながら、Hさん自身も、その母親もそれぞれ必要な役割があり、いなくていい人は誰一人いないのだというメッセージを伝えた。そして自己肯定感が低いHさんに対し、できるだけ肯定的な言葉遣いをこころがけた。

また、担任と話す中で、今まで以上にHさんにとって祖母の支援が必要であるが、祖母も一人で3人の子どもを育てており手が回らず、祖母自身への支援も手厚く行っていくことになった。もともと区役所等行政も家庭の支援に携わっていたが、改めて連絡を密にとり、学校でもスクールカウンセラーによる専門的な支援を受けられることを促した。さらに、Hさん自身もリストカットが根本的な問題解決につながるわけではないということを考え始めていたため、他に気持ちを落ち着かせられる方法がないか、自分の感情の変化に気づき、早めに休養する等のコントロールができないか、Hさんや担任の先生と考えることにした。

事例15 （その5）～一斉休校が明けて～

3年生になったHさんは、休校が明けた後も週に2日ほどのペースではあったが登校できていた。2年生の最後はリストカットも多く不安定だったので心配していたが、登校時

に本人に話しかけると、むしろ休校になったことで好きなことができる時間が増え、自由になり、のびのびと生活できたと言っていた。そして、この休校期間中に新しく年上の彼氏ができたらしく、嬉しそうに教えてくれた。保健室に来ることはなかったが、登校時に話をしていく中で、新しいリストカットの傷はなく、古傷も綺麗に治っていた。また、抜毛していた髪の毛も生えてきており、学校側の心配とは裏腹に非常に調子が良い様子が見て取れた。そのため、2年生の最後に話したリストカットとは別の気持ちを落ち着かせられる方法を考える機会がなく、そのまま夏休みに入り、2学期を迎えた。

　2学期は体育祭や文化祭、新型コロナウイルス感染症で延期になった修学旅行など、学校行事がせわしなく続いた。集団活動が苦手なHさんは、このような学校行事への参加は難しく、昨年も体育祭、文化祭ともに欠席していた。しかし、今年はクラスメイトとの良好な関係や、担任からの「中学校で最後の体育祭だから」という言葉に背中を押され、体育祭は個人種目も学年種目も出場することができた。途中で転倒し、救護テントに来た際に声をかけると、

　「見てた？！　めっちゃこけた〜恥ずかしい。でもビリじゃなかったやろ？　がんばった！」

と楽しそうに笑顔で話し、その後も自分のクラスの応援席で過ごすことができていた。

　体育祭は順調に参加し、文化祭も展示の部は出席できた。しかし、修学旅行はお風呂のことや携帯のことなど、様々な不安感が強く、出欠確認の同意書で欠席となっていた。

このころのHさんへの支援・対策

　不安定な場合を想定していたため、思いのほか元気そうなHさんを見て、私も学年教員も安心していた。一方で、Hさんの気持ちが安定するのは彼氏の存在が大きく、その彼に依存してしまわないか心配にもなった。1人で抱え込まず相談できるのは良いことだと思いつつ、彼との出会いが家出した少年少女の溜まり場で、飲酒や喫煙が常習的に行われている所ということもあり、Hさんの様子をきめ細やかに観察していった。さらに、学年、学校全体として、学校にも居場所がある、心が落ち着くと感じられるように、登校時の声かけや来室時の丁寧な対応、区役所などの外部機関との情報共有を密に行うことを意識していた。

　修学旅行については、本人の意思と祖母の金銭的な事情により、参加しないことに決定した。体育大会などの2学期の様々な学校行事に参加している姿をみて、「修学旅行も」という気持ちが教員全員にあったが、調子が良かったからこそHさんのペースを乱したくない、集団で行動するため、バスなど長時間集団のなかに居なければならないプレッシャー

がかかってしまうなどの気持ちも考慮し、本人と祖母の意志を尊重することにした。

事例15 (その6)〜だんだんと足が遠のいた3学期から卒業まで〜

　3学期になると、受験に向けて学年教員とクラスの雰囲気が変わり、いわゆる受験モードの状況になった。これまでHさんが教室に入れないときに職員室前で勉強をしたり息抜きをしたりしていたが、高校教員の来校等でその場所が使えず、学年教員もその来客対応や受験対策準備等で時間がとれなくなっていた。また、学年全体の受験意識が高まった分、Hさんに求めるものも高くなっていたのか、担任を含め学年教員は、登校を無理強いするような話し方や、教室で授業を受けなければ意味がないといった言動があり、これまでの態度と比べ冷たさを感じるようになった。このころからHさんは、徐々に登校日数が減っていき、2月にはほとんど来られなくなってしまった。担任は祖母と連絡をとれており、大きな変化もなく自由に元気に過ごしているとのことだったが、受験に必要な書類の受け渡しや、受験日の確認・事前指導などは全て放課後に約束した時間にのみ行われていた。

　受験のピークが過ぎた3月上旬、卒業式に向けて学年練習などが行われていたとき、一度学校に登校したが、体育館での練習に参加できず1時間ほどで早退した。それから卒業式までは登校がなく、卒業式にも欠席した。しかし、不登校生等を対象にした放課後に行われる校長室での証書授与には、他生徒と一緒に登校でき、証書の受け取りも無事に行うことができた。

　Hさんは証書を受け取ったあと、自分から保健室に顔をだし、

　「先生、卒業証書もらってきてん。見て〜」と証書を見せにきた。卒業式練習に来た日も会えていなかったので、久しぶりにHさんを見たが、表情も明るく、抜毛部分の髪の毛も伸びてきて目立ちにくくなっていた。3学期の先生方の冷たさから、Hさんの心が不安定になっていないかと心配していたが、「行かない」「行っても話をしてくれない」と踏ん切りがついたのか、Hさんのペースで自由に過ごすことができていたようだった。

　しばらく3年間の学校生活について話をし、最後に私から、

　「Hさん、本当に卒業おめでとう。結局、最後まで先生は話を聞くくらいしかできなくて、気持ちを落ち着かせる方法も考えきれずでごめんね。でもこうして、証書を受けとった後にわざわざ保健室まで来てくれてすっごい嬉しかった。Hさんとは2年間だけだったけど、ありがとうね。この先もHさんのペースで無理はせずがんばってね」と伝えると、

　「どうしたらリスカせずに落ち着けるか今もよくわからないけど、でも先生が一緒に考

えようと言ってくれたことが一番だった。なんか、今まではリスカがダメとか、こうしな
さいとか否定とか命令ばっかりだったけど、特にダメって
訳ではなくて、リスカしているＨごと認めてくれた感じが
したから、先生と話していたら、しんどい時でも落ち着け
たよ。高校は通信だから、のんびりする！」と笑いながら
答えてくれた。その後もアルバイトをしようと思っている
ことや、高校生になったらやりたいことなど、前向きな話
もたくさんでき、笑顔で最後の下校を迎えた。

このころのＨさんへの支援・対策

　客観的に見ても学年教員の言動に冷たさを感じるようになっていたため、これまで学年
と保健室でつくりあげてきた「居場所感」がなくなり、Ｈさんにとってそれが「必要とさ
れていない」とならないか心配していた。そのため、登校時に保健室に来た際には、これ
まで以上にゆっくりと話を聞き、些細な変化を漏らさぬよう気をつけていた。受験が終わ
りを迎えるころ、担任は卒業式に参加できるよう徐々に登校をうながし、練習の日に登校
はできたものの、同級生や学年教員の雰囲気に耐えられず、以降の登校はなかった。これ
までの関わりから、しつこく声をかけすぎると学校から遠のき、祖母も不安定な時には学
校に強く当たられることもあったため、担任の先生が調整しながら継続して連絡をとるこ
とで、卒業式を後方（保護者席の一番後ろ）で参加することや、午後に個別で証書授与式
を行うこと等について伝えることができた。その結果、後者を選択され、約束した時間通
りに登校でき、無事に証書授与が行えた。

　保健室としても、他の来室者がいる中でＨさんとゆっくり関われる時間が少なく、リス
トカット以外の方法を考える件についても、その機会を得られぬまま卒業の日を迎えてし
まった。１回１回の来室を丁寧に対応することやＨさんを否定しないこと、学校での居場
所感をつくることを念頭に、２年間継続して対応を行ってきた。もう少し学年と密に連携
し、ケース会議を開いてもらうなど、個人的な心残りや実力不足もあったが、Ｈさんが最
後に話してくれたように、解決策は見いだせなくても、心に向き合うことや寄り添い続け
ることが安心につながり、信頼につながるということがわかった。

～さいごに～

　Hさんとの関わりを通して、生徒の背景にどんなことがあるのか、何がその行動をさせているのか深く観察し、一歩引いて全体像を見つめなおすことや、関係諸機関との連携、校内体制の確立など、これまで気が付かなかった課題に向き合うことができた。保健室として、養護教諭としての関わりは少なくても、組織の一部として大きな役割を担っていることを本事例から実感した。

SOAP

児　童・生　徒	教　師	アセスメント
中学2年　9月上旬 絆創膏がほしいと保健室に来る。 目の前にいる養護教諭にしか聞こえないような小さな声で、 「腕の絆創膏を交換したくて」 と答える。 「うん、いいよ」と言って、 ブレザーの袖をまくりあげる。 そこには、絆創膏が5枚貼られており、すでに血がにじみ真っ赤になっていた。 「痛いけど、辛いことを忘れられるから、痛い方がまし」	「Hさん、おはよう」 「絆創膏、なにに使うの？」 「そっか。絆創膏いろんなサイズがあるから、どれがいいかなぁ。大きさ確認したいから、怪我しているところ見せてくれる？」 左腕の肘上あたりまである、数えきれないほどの古傷を確認。 「ここの絆創膏、貼り換えないとやね。5枚あれば足りるかな。痛かったね。でも血も止まってきているし、早く治るといいね」	夏休みが明けて2週間登校がなく、表情の暗さや声の小ささ、暑い時期のブレザー姿から、ただ絆創膏を渡すのではなく、丁寧に話を聞こうと考えた。 前任の養護教諭より、リストカットの情報を得ていたが、最近もリストカットをしているのか、どのくらい傷があるのかは見たり聞いたりすることがなかった。絆創膏の大きさの話を持ち出すことで、今の腕の状態を確認できる機会になると考えた。 また、腕の状態を把握することで、今後新しい傷ができているかどうかの判断もしやすくなり、Hさんの気持ちの状態を感じ取れるきっかけにもなると考えた。

児　童・生　徒	教　師	アセスメント
	処置を行いながら話を進める。 「そうなんやね。辛いことがあると、いつもするの？」	数えきれないほどの古傷の多さや、その傷を抵抗なく見せてくる様子から、Hさんは「リストカットをしていることも含め自分であること」を認めてもらいたい気持ちがあるのではないかと考え、できるだけ冷静に、そしてリストカットの行為に対する否定を避けて接しようと考えた。
古い傷を指さしながら、 「そう。あれもこれも全部、しんどいときとか、辛いときに気づいたらしてる」	「そっか。辛いときやしんどいときにしてしまうんやね。じゃあ今絆創膏を交換した傷も、なにか辛いことがきっかけやったの？」	
「うん。そう。いやなことがあって、家で夜中にしてん」	「いやなことがあったんか。どんなことやったか、先生聞いてもいいかな？」	リストカットをする理由の中に、死にたいという気持ちや言葉は出てこず、心の辛さの表現のひとつであることが分かり、身体の痛みを感じている間は心の辛さを忘れられるため行うのだろうと考えた。さらに、傷だらけの腕の状態や、リストカットをした理由など、抵抗もなく、包み隠さず教えてくれる様子から、自分の辛さに気が付いてほしい、心配してほしい、話を聞いてほしいと思っているのではないかと考えた。一方で、保護者である祖母は、リストカットのことを分かったうえで本人に何も言っていない。母と死別しており、祖母が一人で3人の子どもを育てている状態で、祖母自身にもしんどさを抱えている。その結果、Hさんの心配をする
「うん。夏休みの前にな、彼氏できてんけど、最近別れることになって…。そのこと考えてたらしんどくなっちゃって」	「なるほどなぁ。そういう事情やったんか」 「さっき、夜中にしたって言ってたけど、おばあちゃんは知ってるの？」	
「うーん。たぶんしてることには気づいてると思うけど、何も言われてないから、心配もしてないんやと思う。たぶんHのこと、どうでもいいと思ってる」	「そうなんや。リストカットのことは気づいているけど理由とかは聞いてきはることないんやね。心配はしてはると思うけど、あえてそっとしておいてくれてるとかかもしれないよ？」	

児 童・生 徒	教 師	アセスメント
「そうなんかなぁ…」		余裕がないのだろうと考えた。
	「きっとそうなんじゃないかな」	もしくは、リストカットが日
	「ちなみにするのは左腕だけ?」	常茶飯事になっており、「また
		か」という認識で特に心配して
「左が多いけど、こっちにもしたことあ		いない可能性もあると考えた。
るよ」		このような状況や、家庭環境、
右腕の袖をまくって見せる。		これまでのクラスメイトとの
	「右腕にもすることがあるん	身体的距離の近い関わり方を
	やね。あ、確かにこことここ	見ていて、愛着障害の可能性
	に古傷があるわ。でも新しそ	も示唆された。
	うな傷はないね」	
「うん、小学校のときやから」		
	「そっか。教えてくれてありが	
	とうね」	
	「さて、Hさん。今日はこの後	処置を終え、状況の把握がで
	どうしたい?」	きたところで、今後に目を向
「んー。どうしよっかな」		ける。
悩んでいる様子。		もともと集団が苦手なHさん
	「先生は、Hさんの気持ちが一	だったため、今の心の状態で
	番やと思うし、保健室に来る	教室に戻ることは難しいと思
	くらい今は気持ちがしんどい	いつつ、本人の意思を確認、
	のかなって感じたよ。だから、	尊重することで、保健室とい
	おうちでゆっくりしてもいい	う空間や学校という場所に少
	し、もう少し保健室で休んで	しでも安心を感じてもらおう
	てもいいし、授業行ってもい	と考えた。
	いし。Hさんができることを	
	選んでくれたらいいよ。どう	
	かな?」	
「今、教室に戻ったら、またしんどくなっ		
て(リストカットを)してしまうかもし		
れへん。たぶん今日は、ずっとしんどい		
と思う」	「そっか。授業受けたり、教室	Hさんの気持ちを再確認した
	行ったりするのは今日はもう	うえで、担任とも話すきっか
	しんどいんやね。そしたら、	けを作ることを提案し、Hさ
	学年の先生に連絡して、その	んも承諾。
	あと担任の先生に伝えようと	これから先、しんどくなった
	思うんやけど、それまで保健	時に、養護教諭だけでなく担
	室で休んどく?」	任や学年の先生も知ってくれ
「うん、そうする」		ていてわかってくれることや

児　童・生　徒	教　師	アセスメント
「うん」	「わかった。じゃあ担任の先生とお話ししてから帰ろうね」	話を否定せずに聞いてくれるという信頼感につなげていこうと考えた。

【総合アセスメント】
心の辛さをごまかすようにリストカットを行っているところや、愛着障害の疑いといったところから、まずはＨさんの居場所が学校にあること、安心できる場所であることを感じてもらう必要があると考えた。また、祖母の協力も必要不可欠であるが、家庭環境の状況から、祖母自身への支援も今まで以上に必要なのではと考えた。

【プランニング】
集団のなかで心が落ち着かないときや、気持ちの整理をつけたいとき、しんどくなったときには、保健室だけでなく学習室を使用できるようにし、学びの保証をしつつ、心のケアを行えるようにした。また、今後学校でのリストカットの可能性も視野にいれ、学習室では学年教員が付き添い、「ひとりじゃない」と実感してもらえるように配慮を行った。

児　童・生　徒	教　師	アセスメント
		しかし、全く集団に入ることができないわけではなく、調子のよい日は1日過ごすこともできていることから、本人の意思を尊重しながらも、可能な時は授業に入り、同級生との交流を行い、教室にも居場所があるということを感じてもらえるようにした。 祖母への支援は、管理職や主事から区役所等に連絡をとってもらい、お互いの情報を共有することで、支援の輪ができるよう再度協力をお願いした。

事例16　もう届かない声

　養護教諭として初めて迎えた4月。全学年の身体測定が終わったあとに、校長から「先生、初めて子どもたちと関わってみてどうやった？　誰か気になる子はおったか？」と質問された。何百人といる児童の中で、誰が印象に残ったかと考えてみると、1人の女子児童の姿が浮かんだ。「1番印象に残っているのは、5年生のYさんですね。制服に汚れが目立っていましたし、スカートのサイズも合っていないようでした。それに髪も乱れていました…」と答えた。私がその児童についての話をすると、「ほう、良いところに気づいたな。そうや、Yさんとこは大変な家でな、ちょこちょこ目をかけたってくれ」と校長は私に言った。それが、のちに不登校となってしまうYさんとの出会いだった。

　Yさんの家は母子家庭で、そして彼女には4年生の弟と1年生の妹がいた。3人とも学校に着てくる制服には汚れが目立ち、また、必要な持ち物が揃わないという状態で、特に話を聞いたわけでもなかったが、家庭が苦しい状態なのだろうと察することができた。

　ある日、5年生の担任から「Yがまだ来ていない」と連絡がきた。母親に電話をかけてみてもつながらなかったため、職員室にいたI先生が、Yさんの家に様子を見に行くことになった。I先生は昨年度、Yさんの担任だった。「Yのやつ、また学校来てないん

すか…。僕も去年、何回、家まで呼びに行ったことか。あの家ゴミ屋敷で、ほんまに足の踏み場も無いねんな」と話していた。ゴミ屋敷という単語に少し驚きながらも、心の中で納得した部分もあった。「そうか、だから服も汚れたままなのか…」

　６月になり、校長からある提案があった。「先生もちょっとＹさんの家行ってみるか？」というものだった。５年生が始まって４月、５月と、Ｙさんは遅れながらではあったが、ほぼ毎日学校には登校していた。それが６月になると、無断欠席の日が、日に日に増えていった。
　母親に電話をかけてもつながることはなく、教員が家庭訪問をしなくては児童の状態を確認できない状況であった。その対応を１人の教員が行うには負担が大きかったため、養護教諭である私にも声がかかった。それから私は、週に１度はＹさんの家に行くようになった。

　Ｉ先生からのアドバイスで「Ｙは生活リズムが狂っていて、朝はなかなか起きることができない。だから、呼びに行くとしたら１０時以降にした方がよい。その方が起きていて、チャイムを鳴らせば出て来てくれることが多い」と言われたこともあり、基本的には１０時過ぎに家に行くようにした。また、校長からは「１０分待っても反応が無かった時は、もう学校に戻ってくれて大丈夫です。先生には保健室の業務もあるからね」と言われていた。

　午前１０時５分、私はＹさんの家のチャイムを鳴らした。応答はなく、何度か玄関のドアをノックし「先生やで〜！　おはよう！　起きているか〜！」と声をかけた。それから耳を澄ますと、少し物音が聞こえ、数分待っていると玄関のドアが開いた。出てきたのはＹさんではなく、サイズの合わないボロボロの制服を着た、１番下の妹のＭさんであった。
　「Ｍおはよう。制服ちゃんと着てるやん、ランドセルもって学校行こか。あ、お姉ちゃんは起きてる？」
　「おはよう、ねえちゃん、まだねてる」と、Ｍさんは部屋の奥を指差した。脱ぎ散らかされた服、飲みかけのペットボトル、お菓子の袋などが散乱している部屋の中で、毛布にくるまってもぞもぞと動くＹさんの姿があった。
　「Ｙおはよう！　起きられるか？　学校行くでー」と声をかけた。毛布はもぞもぞと動くだけで、Ｙさんは顔を見せることは無かった。結局、この日はＭさんだけを連れて学校へと戻った。その後も、なかなかＹさんは学校に来ることはできなかった。

７月になっても、Ｙさんは自力では学校へは登校することはできなかった。私や他の教員が声をかけに行って、ようやく午後から登校できるか、もう家から出ないかの五分五分の状態であった。５年生は７月末に林間学校があるため、そのための準備などをしなければならなかったが、家庭の状況を見るに、Ｙさんが林間学校に参加できるのかさえわからない状態であった。

　ある日の朝に起こしに行った時も、もぞもぞと毛布の中でうごめくＹさんに、

「なぁＹ、林間の時の起床時間って、何時か知ってる？」と聞いてみた。

「え…？　ん〜…、７時？」と少し寝ぼけた様子の声でＹさんが答えた。

「ちがうでもっと早い、６時や」

「え〜！？　そんな早いん？　起きられへんわ…。あっそうか、もうずっと起きてたらいいか」

「何言うてんねん。そんなことしてたら、ウォークラリーの時とかしんどくなってしまうで」

「え〜でも、そうせな絶対起きられへん…」

「とりあえず、早く寝て早く起きる習慣を身に付けることやな。まだ林間まで１週間は時間あるで、それまで練習や」

「う〜ん、できる気せぇへん…」とＹさんは結局毛布から出てくることはなかった。

　朝起きることができるのか、荷物をそろえることができるのか、不安要素だけが大きく積もっていく。

　７月末、林間学校当日の朝７時、５年生が整列したところにＹさんの姿があった。

「Ｙおはよう、無事に起きられて良かったやん」と私は列に並ぶＹさんに声をかけた。

「朝にＳ先生が起こしに来てん。あ〜でも眠い〜」とあくびをしながらＹさんは答えた。当日の朝はＳ先生が起こしに行くと以前から話しており、林間に絶対必要なＹさんの準備物は、前日までに学校で預かっていた。その甲斐もあり、無事に全員そろって林間学校に行くことができたが、６月からは不登校傾向になっていたＹさんであったため、クラスメイトと仲良く過ごすことができるのかと、少し心配にもなった。

　しかし、その心配を余所に、林間学校中はクラスメイトたちと仲良く過ごしているようであった。

　林間学校２日目の朝、Ｙさんと同じ部屋の子が、私に声をかけてきた。

「先生！　Ｙちゃん起こしたけど全然起きてくれへん」

「そうなん？　起床時間過ぎてるけどな～、もう朝の集会の時間やから自分らは早く行き！あとは先生が起こすわ」と言い、私はＹさんが一人寝ている部屋へと入った。

「Ｙ！　朝やで！　もうみんな行ってもうたで～起きや！」と体を揺さぶりながら声をかけたが、起きる気配は無く、寝息だけが静かに聞こえていた。無理やり体を起こし、座らせようとしても目は覚めない。まるで睡眠薬でも飲んだかのように、不自然なほどの深い眠りに落ちていた。私はどうすることもできず、ただＹさんのそばにいることしかできなかった。

起こし始めて15分後、Ｙさんはようやく目が覚めてきたようであった。

「Ｙおはよう、もうみんな朝の集会に行っているで」

「…ん？　あ、うん…眠い…」となかなか体は起き上がらせることができなかった。

「どう？　いけそうか？　せめて布団からは出ておいで」

「無理…眠い…しんどい…、もう疲れてるねん」

ここ2か月は学校に行くことよりも、家でずっと寝て過ごす時間の方が多かったＹさんにとっては、活動の多い林間学校は、体力的についていくことが難しかったのだろうと感じた。

「でもＹ、せっかく林間来られたんやから、できるだけ参加できることはしようや。今起きたら、みんなと朝のレクリエーション行けるで」

「…………」と返事は無く、Ｙさんは布団の上で丸くなっていた。

布団の上で丸くなるＹさんの姿を見て、以前よりも体格が大きくなったなと私は感じていた。4月の身体測定時に見た時の姿と比べて、今のＹさんは体重の増加量も顕著に現れており、家での不摂生の影響も出ているようだった。

さらに10分後、何とか起き上がったＹさんは服を着替え、遅れながらもクラスメイト達と合流し、レクリエーションなども参加することができた。

その後も時折、あくびをしたり目をこするＹさんの姿を見かけたが、林間学校の活動は無事に終えることができた。

それから長い夏休みを過ごし…8月末の始業式。教室にＹさんの姿は無かった。相変わらず、朝起きることができない日々が続き、完全に昼夜逆転した生活を送っているようであった。

Ｙ家については児童福祉課の人たちも関わっている状態であり、子育てや生活の支援に当たっているとのことであった。児童福祉課と学校との連携会議の中では、Ｙさんを含む、

子ども3人を一度施設の方で保護する案も出ていたが、母親がそれを拒んでいることも伝えられた。Yさんたちが置かれている状況は、学校だけで対応ができる状況ではなくなっていた。朝に起きるように呼び出しに行っても、家の中に入ることはできず、ただただ声をかけることだけしかできない日々が続いた。

　少し肌寒い日が増えてきた11月初め、5時間目が始まってすぐに、担任のS先生がYさんを連れて保健室にやってきた。Yさんは過呼吸を起こしており、体に力が入らずふらふらとよろめいていた。
　「S先生！　Yどうしたんですか？」
　「この子さっき学校来たんやけど、教室に入るなり耳おさえて泣き出してん、それから泣き方も酷くなってきて、過呼吸みたいになってきたから、いったん保健室で落ち着かそうと思って連れてきた！」
　それから、私と担任はYさんの過呼吸と涙が落ち着くまで、背中をさすりながらそばに居続けた。Yさんの制服は相変わらず汚れが目立ち、また、少し肌寒いにも関わらず半袖であった。

　落ち着いてきたYさんにゆっくりと問いかけてみた。
　「Y、どうしたん？　何かしんどかったん？」
　「…男子の声がうるさくて、教室入られへんかった。男の人の声、聞きたくない」
　「男の人の声が嫌なん？　先生の声はいける？」
　「先生はいける。けどほんまに男子の声は無理、耳に響く」
　ぼそぼそと話すYさんは、何かにおびえているようであった。
　「前まで、クラスの男子らとも話したりしていたやん、何で急に怖くなったん？」
　「昨日、お父さんと電話してて、めっちゃ怒られて…。男の人の声聞くと思い出す…」
　「何でそんな怒られたん？　もし話せそうやったら教えて？」
　「…学校全然行ってないのと、YouTubeとかばっかり見てるの怒られた。耳もとでわーわー大きな声で怒られて、しんどかった」
　「そっか…、だから男の人の声聞くと思い出してしまうんやな…」
　Yさんは過去に父親から暴力を受け、施設に一時預かりになったことがあった。その出来事もあり、両親は離婚しており、父親とはたまに電話で連絡を取る程度の関係であること児童福祉課からの情報提供で知っていた。父親からの怒声で、Yさんはきっと過去のこ

とを思い出してしまっていたのだろう。

　結局この日は、落ち着いてからも教室には入ることができなかったので、S先生が筆記用具と漢字プリントを保健室に持ってきた。Yさんは終礼の時間までの時間、保健室で黙々と漢字プリントをして過ごしていた。

「どう？　集中してプリントできた？」

「うん、教室よりは静かやし、やりやすかった」

「教室での勉強しんどかったら、また保健室で勉強してもいいで、いつでもおいで」

「…うん」とYさんは答えたものの、やはりいつもより暗い表情をしていた。

　クラスでの終礼がおわったあと、S先生がYさんの荷物を持って保健室にやってきた。Yさんがやった漢字プリントを確認して、今日の宿題についての説明をしたあと、2人は話しながら保健室から出ていった。

　男子の声に過剰に反応したのはこの日だけだったが、その後も「男子の声はうるさくて嫌だ」と、以前よりは過敏になっているようであった。そして、Yさんの登校回数は減っていくばかりで、週に1度学校に来ることができれば良い方であった。登校した際には必ず教室での様子を見るようにしたが、12月になっても、冬休みになって3学期に入っても、Yさんの制服は汚れた半袖のままであった。

　新型コロナウイルス感染症の拡大の影響により、4月は学校休業、5月は分散登校が続いた。学校に行く機会自体が失われていたため、Yさんは6年生になったが、6月に入っても1度も学校に登校していなかった。この頃は担任であるS先生が、毎週金曜日に自宅でできる課題を渡しに行き、その時に様子を確認するという状態が続いていた。今まで朝に起こしに行っていたが、母親が精神的に不安定になっているとのことで、学校側からのアプローチを控えるようにと言われていたからであった。そして、学校でYさんの姿を見ることはなく、1学期は終わってしまった。

　2学期に入り、母親の精神状態も回復したとのことだったので、週に1度、朝に声をかけに行けるようになった。この頃は、5年生になった弟のRさんも不登校傾向になっていたため、5年生の担任と協力しながら、自宅を訪ねていた。

　9月の末のある日、11時ごろにYさんの家を尋ねた。この日は妹と弟は登校しており、家にはYさんだけがいる状態であった。チャイムを鳴らしてみると応答はなかったが、玄

関の鍵が開いていたため、少し扉を開け、声をかけてみた。

「Yー！　先生やでー、起きているー？」そうすると部屋の奥から、Yさんが出てきた。

「Y起きてたんか、どう？　学校いけそう？」

「先生…今何時なん？」

「今は11時10分やな、3時間目がもうすぐ終わるぐらいやな。今から準備したら給食も間に合うし、一緒に行かへん？」

「え〜もう3時間目なん？　今から行っても、周りから変な目で見られるから嫌や…それに昨日お風呂入ってないからシャワー浴びたい」

「ほんならシャワー浴びてから来たらいいよ。せっかく給食も間に合う時間に起きたんやし」

「え〜でも、やっぱり恥ずかしい…」

Yさんはかたくなに学校には行こうとしなかった。5年生の初めの頃は、髪がボサボサの状態でも登校していたが、6年生になった今は、自分の身だしなみを気にするようになっていた。

「休み時間に合わせて静かに教室入ったら、授業中よりは目立たずに入れるんちゃう？」

「ん〜…そやなぁ、わかった、とりあえずシャワー浴びてくる」

「オッケー、じゃあ先生は玄関で待っていても良い？」

「いいよ〜」

Yさんの心境の変化が気になった私は、そのまま玄関に立ち、Yさんを待つことにした。

数分後、シャワーから出てきたYさんに話しかけた。

「Yはさ、家におる時は何して過ごしているん？」

「え？　最近はYouTube見たり〜、アニメ見たり、ドラマ見たりしてるねん。最近、○○に出てる俳優がめっちゃかっこよくてな〜」とYさんは楽しそうに最近ハマっている俳優の話を始めた。

「Y、俳優とか好きやったんやな〜、先生全然知らんかったわ」

「ほんまみんなめっちゃかっこいいねん！　はぁ…どうやったらあんなかっこいい人と会えるんやろ…」と、Yさんの表情はまるで恋をしているようであった。

「あ…、Yが変わったのは、これがきっかけか」とそこで私は、Yさんの心境の変化に気づくことができた。

「俳優さんとかに会いたいのなら、テレビに関係するお仕事とか目指したら良いんちゃ

うかな〜」

「テレビの仕事か〜、それも良いな〜、でもほんまにモデルとか女優さんとかも良いな〜」

と話すYさんを見ながら、「この子は今憧れがあって、なりたい自分の姿とかができたんだろうな」と感じた。ゴミにまみれた家の中で、Yさんは将来、自分が輝く夢を見ていた。

Yさんの憧れを知った私は、その憧れにどうすれば近づけるのか、Yさんに話すようにした。どんな仕事に就くにも、勉強はある程度必要だと言うこと。モデルや女優になりたいのなら、生活習慣を見直していかなければならないこと。多くの人と関わって、コミュニケーション能力をつけていった方がよいことなど、少しでも、前向きに進めるようにYさんに話すようにした。するとYさんは…、

「ん〜…そっか…。がんばらんとダメかな…」と今自分が置かれている状況を変えなければいけないと思うようになっていた。

「今すぐじゃなくてもいいから、少しずつやってみいひん？　毎日学校行くのは、まだ難しいかもしれんけど、少しでも早く起きられる日を増やすとか、毎週この曜日だけは絶対学校に行くとか、進み方は色々あると思うねん」

「そっか…、わかった！　じゃあ毎週水曜日は学校いけるように頑張ってみる！」とYさんの口から前向きな言葉が出た。その後、私は身支度を済ましたYさんを連れて学校へと戻った。

「毎週水曜は頑張って学校に行く」と言ってから、Yさんは本当に学校に来るようになった。けれど、学校に来ているとはいえ始業時間に間に合うことはほとんどなく、いつも3時間目が始まるぐらいの時間に来ていた。担任のS先生からの話によると、「学校には来るようになったけど、やっぱり授業中も眠そうな時が多いかな…。けど、先週に渡した宿題はちゃんとやってきているし、前に比べたら大分進歩しているのは確かやな」とYさんの最近の様子について褒めていた。夢や目標を見つけると本当に人は変われるのだと、その時の私は思っていた。

順調に週に1回は登校していたYさんであったが、12月に入り、登校するペースが落ちていた。相変わらず、制服のジャケットや、長そでのブラウスを着てくることはなかったので、寒さで家から出るのが億劫になってしまったのかと思っていた。

以前、Yさんに保健室にある予備のジャケットを貸そうかと話したこともあったが、「人が着ていた物は着たくない」と最後の最後まで拒み続けられ、結局渡すことはできなかった。

「人に物を借りる」ということが、Ｙさん自身のプライドが許さなかったのだろう…。

　冬休みも明け、３学期の始業式、この日もＹさんは登校していなかった。休み明けだから仕方ないかと思っている私に、校長から「当分、Ｙの家には行かなくて大丈夫だ」と伝えられた。私は「きっと母親の精神状態が以前と同じように安定していないためなのだろう。また少し時間が経ったら、きっとＹたちにも会える」と思っていた。

　１月が過ぎ、２月が過ぎ、３月がやってきた。３学期が始まって、Ｙさんだけでなく下の兄弟たちも学校に登校していない日々が続いていた。６年生であるＹさんは卒業式の練習もあるのに、いつになったら来ることができるのかと、私はもどかしい気持ちになっていた。

　そして、結局Ｙさんは卒業式の日になっても、学校に来ることはなかった…。

　後日、校長からＹさんたちの状況について説明をされた。「あの子たちは今、児童福祉課に保護されて施設にいる。母親の育児放棄によるものだ。もうこの学校に来ることはない」というものであった。

　Ｙさんが不登校になってしまった理由に、母親からのネグレクトのほかに、スマートフォン・タブレット依存であったことが考えられる。

　学校になかなか登校することができず、ゴミが散乱する家の中で過ごすＹさんにとって、唯一の娯楽であったのが、母親から与えられたタブレットと、使い古したスマートフォンだった。元々、寝る時間が不規則であったり、食事もまともに食べないような生活を続けていたＹさんだったが、５年生になって、母親が夜に仕事に行くようになったため、夜に自由にタブレットが使えるようになってからは、さらに生活リズムが狂いだした。

　夜通しアニメやドラマを見るようになり、朝からようやく眠りにつく生活になったＹさん。画面越しに見る芸能人の華やかな姿は、Ｙさん自身に、理想と現実の差を大きくさせる要因になってしまったのだろう。芸能人のように綺麗な自分になりたいと思う一方、自分の努力だけでは変えることができない状況に気づいたＹさんは、現実から目を背け、画面越

しの世界にのめり込んでいくばかりだった。

　Ｙさん自身、努力をしたことは間違いない。けれど、その努力に見合った成果を得られることができなかったため、継続することができなくなってしまった。学校以外のところで、その成果を感じることができれば良かったのだが、その努力を認めてくれる人は彼女の周りにはいなかった。教員たちは、Ｙさんの努力を感じて精一杯応援をしていたが、きっと彼女が求めていたものではなかったのだろう。

　ネグレクトの被害にあっている児童に対して、学校ができることは限られている。限られた時間や手段の中で工夫し、関わっていかなければならない。私は今回、限られた時間を多く見誤っていたのだろう。いつ関わりが途絶えてしまうかもわからない、直接会うことができる機会を１回１回大事にし、後悔が残らないように関わっていきたい。

Q10　この事例を読んで、あなたが考えたことは何でしょうか？

Q11　自閉症スペクトラムに関して知っていることを挙げてみよう。

Q12　あなたが養護教諭ならどのように対応・支援しますか？

事例17　先生、私の話を聞いても、私のこと嫌いにならない？

1）U子との出会い

　U子は中学１年生の頃から友人の来室に付き添い、保健室に顔を出すようになった。友人が休養することになると、U子は「次の授業の先生に○○さん（友人）はこの時間は保健室にいると伝えておきますね。授業が終わったら様子を見に来ます。○○さんのこと、よろしくお願いします」と言って、保健室を後にして教室へ戻っていった。そして、授業後は「先生、○○さんの調子はどうですか？　迎えに来ました。教科の先生にはちゃんと伝えておきました」と友人を気遣い、約束通り迎えに来てくれた。

　勤務校は厳しい家庭環境の割合が高い地域にあった。そのため、U子のように言葉遣いが丁寧で礼儀正しい生徒は少なく、U子は印象に残った。

　このような対応が数回続き、U子と話す機会が増えていった。当初、U子は自分の話はほとんどしなかったが、少しずつ話をするようになった。

U子「先生、私、部活をやってるでしょ。実は、先輩と1年生との仲が良くなくて…。でも、うまくいってほしいと思ってるんです」

　養「○○部は毎年、人間関係が大変って聞くなぁ。練習もハードやし」

　U子「今、顧問の先生に1年生をうまくまとめてって頼まれているんですけど、みんな勝手なことを言うから、まとめるのは難しい。でも、私頑張る」

　養「顧問の先生のお願いはおいといて。U子さんはどうしたいの。1年生をまとめたいの？」

　U子「私のことはいいんです。顧問の先生にお願いされたから、頑張らなきゃ」

　養「先輩と1年生の間に入って、U子さんはしんどくなれへんの？　U子さんの気持ちはどうなん？」

　U子「私のことはいいんです。先生、うまくいくように祈っていてくださいね」

　U子との会話のなかで、U子が自分の気持ちよりも周りの人や顧問の依頼を無意識に優先させる発言が気になった。また、U子が自分の気持ちを表出することがほとんどないことから、自分の気持ちを表出できない（もしくは、自分の気持ちを考えること自体が苦手な）傾向があるのではないかと考え、U子を気になる生徒として捉えるようになっていた。

2）U子の来室が頻回となる

　一学期のU子の保健室来室理由は「友人の付き添い」であったが、二学期になると、U子は放課後に単独で来室することが増えた。勤務校では、二学期に体育大会や文化祭等の学校行事に加えて、部活の発表会が立て続けに行われていた。U子は、体育大会や文化祭に向けて、クラスの一致団結のためにクラス内をまとめる役割を担っているようであった。U子は部活の休憩時間などを利用して、放課後保健室に顔を出すようになった。

　U子「先生、こんにちは。今、誰かいる？　今日は忙しかった？　私はね、今日はHRの時間に文化祭で歌う自由曲を決めたよ。みんなの意見が割れて、なかなか決まらなくて大変だった。でも、なんとか決まったよ。あと、私、ピアノの伴奏をすることになった」

　養「U子さん、こんにちは。今は誰もいないよ。ところで、自由曲は何を歌うの？　意見をまとめるのは大変よね。部活の発表会の準備もあるのに、ピアノの練習は大変じゃない？」

　U子「ピアノを弾ける人は私の他にも何人かいるんだけど、みんな忙しいと言って乗り気じゃないようだったんで、私が弾くことにしたの」

　養「みんなの雰囲気は置いておいて、U子さんは弾きたかったの？」

U子「私は…あんまり。部活の発表会の練習もあるし……」

養「もう一度、担任の先生に相談してみたら」

U子「誰もいないと担任の先生も困るだろうし、私、伴奏と部活の発表会の練習、頑張ります」

と言いながらガッツポーズを作って笑顔を見せたが、空元気のように思われた。

養「クラスメイトや担任の先生の気持ちを考えることはU子さんの優しい気持ちからだと思うけど、私は自分を大切にしてこそ周りの人も大切にできると思うよ。今の状況は、U子さんの我慢や負担で成り立っているように思ってしまう。もし、言い過ぎだったら、ごめんね」

U子「でも、大丈夫。頑張るから。部活に戻ります。先生、話聞いてくれてありがとう」

U子は表情を変えずに部活に戻っていった。以前は友人と一緒に保健室に来室することが多かったが、このやりとりの少し前よりU子が独りで来室することが気になっていた。そのため、担任や顧問から情報を収集するとともに、U子の同級生や同じ部活動員にもそれとなくU子の状況を確認した。

U子は、教員からは明るくて頼りになり、周囲に常に気遣いができる思いやりがあるよい生徒と見られていた。その一方で、同級生や部活動員からは、みんなにいい顔をして何を考えているかわからないから踏み込んで話ができないという声が聞かれ、以前仲のよかった友人とも距離ができてしまっているようであった。U子に過剰適応の傾向があるかもしれないと担任や顧問に相談したが、教員のU子への信頼度は高く、「先生は心配しすぎなんです。あんなに良い子はいないですよ。次年度は生徒会長に推薦しようと思っています」とまで言われ、良い子過ぎるのでかえって心配という点を教員と共有することが困難であった。目に見えやすく教員からみてわかりやすいしんどさを抱える生徒が多い学校においては、一見、適応的でリーダーシップがあり、素直に教員の話を聞き行動するU子は、教員視点からは優等生であり、まさに教員が理想とする生徒像だったのかもしれない。しかし内実は、U子は友人や同級生からは孤立傾向にあり、その結果、保健室の来室が増加していたと考える。

学校行事と部活動の発表会が一段落した後は、時々放課後に来室していたが、回数が少なくなった。

3）性に関する指導（中学2年生）後のU子の様子の変化

U子の学年で、性暴力の内容を含む性に関する指導が行われた。指導を行うに当たり、

事前に学年団に配慮が必要な生徒や事案の有無等の情報収集を行い、講話の前には途中退室等が可能な旨を説明する等、生徒への配慮等を心がけた。また、取り組みの時間中は生徒の様子を確認する目的で養護教諭も性に関する指導に同席した。多くの生徒は普段と変わりない様子であったが、U子は終始うつむき加減で表情も硬かった。そのため、学年の性教育担当者にU子の状況を伝えて、引き続き様子を観察するよう依頼したが、その後、担任及び学年団から連絡はなかった。

　約１週間後、放課後の部活中に保健室に来室したU子は、いつものように笑顔で生徒会活動の運営について話を始めた。先日の性に関する指導時の様子が気になっていたので、U子の話を一通り聞いた後、迷いながらも思い切って切り出した。

　養「この間、性に関する指導の時に私も話を聞いていたんだけど、U子さんの様子がいつもと違うように感じたので、少し心配していた」と話すと、途端にU子の表情が曇り、下を向いてしまった。長い沈黙が続いた後、U子が語り始めた。

　U子「先生、私の話を聞いても、私のこと嫌いにならない？」

　養「U子さんが何を話しても嫌いにはならないと思うよ」

　U子「私ね、この間（性に関する指導）の話を聞いて、今までのことの意味がわかりました」

　養「何か思うところがあったのね。話ができそう？　U子さんが話せそうなら、話を聞くよ」

　U子「……」沈黙が続く。

「小学４年生の時に父が布団に入ってきて、身体を触られたことがあります。

　今まで嫌な感覚として残っていたけど、この間の話を聞いて『これだったんだ』ってわかりました。ジグソーパズルのピースがはまるみたいに、すべてつながりました。

　これって、私の身体はみんなと違うってことですよね。汚れているってことですよね。もう、恋愛もできないですよね。でも、私だけが黙っていたら家族としてこのまま普段通りにやっていけるかもしれない。この一週間、そう考えていたんだけど、感覚的に耐えられなくて…」

　養「話してくれてありがとう。話していて、しんどいと思ったら話さなくていいから無理はしないで。つらかったね」

　U子「話せます。今は父が布団に入ってくることはないけど、嫌なことはあります。私が着替えているところに父がやってくるんです。父にやめてほしいって伝えても、『家族やのに何が悪いんや。そんなしょうもないことを気にするお前の気にしすぎや。おまえが悪

い』って言われる、気にする私が悪いのかな。そんなことを考えたら、何がよくて何が悪いのかわからなくなって…」

　養「お父さんに嫌って伝えることができたんだ。U子さん、よく言えたね。わからなくなったって言ったけど、混乱している?」

　U子「多分。それで切っちゃった…。足…」と言いながら、傷口が見えるようにするU子。

　養「見ても大丈夫?　傷口を確認してもいい?」

　U子「大丈夫」

　大腿部に創部があり、出血の有無、深さ、感染の有無の確認後、受診の必要性はないと判断する。

　養「切ったところも、切ってないところも痛いね」

　U子「みんなと違う身体になったのに、血は赤色なの。青色とかじゃないの」

　養「青色の血は確かタコとイカだったはず」

　U子「先生、おかしいわ」U子は泣きながら、笑っている。

　養「お母さんは知っているの?」

　U子「父に着替えるときに入ってくるのをやめてほしいって言った時も母は聞いていたけど、何にも言わない。父には何も言えない。私のことは何も考えていない。何もできない人」

　「私が黙って何も知らない顔で家族を続けていくのも一つの方法という気持ちもある。でも、毎日父と顔を合わせて、気を使いながら悩みながら生活していくのもしんどい。先生は私に自分の考えをもっと言っていいって、いつも言ってたよね。だから言ったけど…」

　養「言ってくれてありがとう。まず今はU子さんの安全を一番に考えないといけないと思う。U子さんが話してくれたことを担任の先生や校長先生に話して、U子さんにとって一番良い方法をみんなで考えさせてほしい」

　U子「うん。わかった」

　その後、担任、管理職及び生徒指導主事に報告を行い、緊急に支援チームの体制を構築した。

　以下のような支援方針及び支援計画を立てた。

支援方針

　①U子の安全を確保する

　②U子が安心して生活(学校生活)することができる

　(継続支援中に追加：③U子が自立できるようにする)

支援計画

①校内支援体制の構築

・関連職員（担任、学年主任、管理職及び生徒指導主事）に報告し、対策チームを立ち
　上げる

②専門機関との連携（児相）

・児相への通告（担当者）

③U子への具体的な支援

・心のケア

・自傷の手当

・対人関係を構築できるよう、親以外の大人のモデリングを示す

（④生活力を身につける）

・生活習慣の整え方の指導

・自己実現に向けた目標設定

　その後は、生徒指導主事及び生徒指導部会が中心となって、対応がなされた。児相への
通告、児相担当者の調査の結果、一時保護が決定した。

　一時保護の決定後、U子が学校に登校することはなかったが、期末テストは学校で受け
る予定との情報を得たため、テスト後に健康相談を予定したが、U子の体調の都合で欠席
となった。そのため、施設にテスト問題を持っていく教員にU子への手紙を託した。手紙
には、施設での生活の状況、現在の体調、学習状況、心のケアの有無についての確認や保
健室で話したU子の決断について養護教諭の気持ちを綴った。U子からの返信には、施設
の生活は思っていた以上に大変なこと、家族がバラバラになってしまったことに悩んだ時
期もあったが、今はよかったと思えていることなどが書かれていた。

　その後、U子は転校し養護教諭との交流はなくなったが、卒業式の日にU子から手紙が
届いた。

　あの時、先生（養護教諭）に話をして、自分の人生は大きく変わった。先生（養護
教諭）に話ができたこと、聞いてくれたこと、そして、学校を離れても自分を気遣う
手紙を届けてくれたことには本当に感謝している。父と母の姿をみて信用できる大人
はいないと思っていたけど、先生（養護教諭）や学年の先生の対応のなかで、その気

持ちが少しずつ変化したと思う。

　家族と離れたことで、経済面や進路面で大きな影響があった。今の状況では大学進学は厳しいと思うが高校に行きながらアルバイトで学費を貯めて、時間はかかっても大学に行って、中学校の教員になりたいと考えている。私が教員になったら、先生と一緒に働きたい、いつかどこかで…それを夢見て、頑張っていきます。

　と手紙には書かれていた。

　この事例は、前半は過剰適応傾向が考えられる生徒への対応であり、後半は性被害にあった生徒への対応である。まず、前半部分の対応について振り返る。U子のように、生徒指導的な問題行動が見られず、一見、適応的で人間関係に課題があるように見えないタイプは「課題が無い生徒、いわゆる手のかからない子ども＝良い子」と教員から評価されがちである。実際、担任や顧問からのU子の評価は前述の通りであり、教員からの人望は厚かった。しかしながら、養護教諭や友人、部活動員の見立ては教員の評価とは異なるものであった。生徒が見せる顔は、家庭での顔はもちろん、状況に合わせてカメレオンのようにさまざまに変化する。子どもにかかわる教員は児童生徒対応の根底に対象理解が重要であることを肝に銘じ、その背景分析を蔑ろにしてはならない。今回の事例では、教員と養護教諭の対象理解の乖離があったにも関わらず、異なる立場だからという理由で共通理解をおざなりにしたことで、U子に重責を担わせることにつながったのではないかと考える。例え担任との共通理解が困難だったとしても、学年団や教科担当など対象を広げていたら共通理解も可能となっていたのではないだろうか。「連携」は「言うは易く行うは難し」の例である。

　そして、U子の共通理解が不十分になってしまった要因の一つとして、養護教諭の立場から「良い子」が抱えるしんどさのリスクを教員に十分に説明ができなかった私の未熟さも挙げられる。知識に加え、教員にわかりやすく的確に説明するスキルが不可欠であることを再認識した。

SOAP

児童・生徒	教師	アセスメント
①放課後、ノックがある。		②この時間にノックをして来室する生徒はU子かもしれない。
	③「はい、どうぞ」	
④「先生、こんにちは。今、誰かいる？今日は忙しかった？ 私はね、今日はHRの時間に文化祭で歌う自由曲を決めたよ。みんなの意見が割れて、なかなか決まらなくて大変だった。でも、なんとか決まったよ。あと、私、ピアノの伴奏をすることになった」 O：表情は明るく笑顔が見られる。以前一緒に来室していた部活動をしている友人はおらず、一人での来室。		⑤矢継ぎ早に話すので、時間を気にしながらも話したいことがたくさんあるのかもしれない。その中で、保健室のことも気にかけている。こういうところが教師に評価されているのかもしれない。今日も友人はいない。最近一人での来室が多いけど、表情等は悪くない。
	⑥「U子さん、こんにちは。今は誰もいないよ。ところで、自由曲は何を歌うの？ 意見をまとめるのは大変よね。部活の発表会の準備もあるのに、ピアノの練習は大変じゃない？」	⑦担任は、クラス内の意見の調整にU子をまた使っている。先日来室時にU子は部活内の調整役を任されて大変と言っていたのに、同様のことを引き受けている。学級委員はもう一人いるはずなのに…。さらに、伴奏係まで承諾するなんて、U子は他人に振り回されているのではないか。アサーショントレーニングが必要ではないか。
⑧「ピアノを弾ける人は私の他にも何人かいるんだけど、みんな忙しいと言って乗り気じゃないようだったんで、私が弾くことにしたの」	⑨「みんなの雰囲気は置いておいて、U子さんは弾きたかったの？」	⑩調整とはいうが機能しておらず、全部を引き受けているように感じたため、それを伝えてU子の反応を確認してみる。

⑪「私は…あんまり。部活の発表会の練習もあるし…」

⑫自分の考えを表出することができていない。空気を読みすぎて自分より他者を優先させている。これはU子の優しさではなく、境界線を引くことができていない。
困ることができる、困った時にSOSを出すことができるということがU子には必要ではないか。一番簡易な方法を提案してみよう。

⑬「もう一度、担任の先生に相談してみたら」

⑭「誰もいないと担任の先生も困るだろうし、私、伴奏と部活の発表会の練習、頑張ります」
O：ガッツポーズを作りながら話す。笑顔もあるが…。

⑮現時点では、評価を気にするU子には援助希求は難しいのかもしれない。
U子は頑張ると言っており、笑顔やガッツポーズも見られるが、養護教諭には空元気と映ることからも負担に感じている可能性は高いと考える。保健室とつながっていることから、援助希求については徐々に力をつけていけるようにする。

⑯「クラスメイトや担任の先生の気持ちを考えることはU子さんの優しい気持ちからだと思うけど、私は自分を大切にしてこそ周りの人も大切にできると思うよ。今の状況は、U子さんの我慢や負担で成り立っているように思ってしまう。もし、言い過ぎだったら、ごめんね」

⑰U子は状況や養護教諭の発言の内容を理解できる能力はある。養護教諭との今までの関係性もあるので、U子にとっては耳の痛い話になるが、U子の気持ち（優しさ）を認めながら、何でも受け入れすぎないことについて話をしてみる。これくらいの内容であれば、U子も理解できると判断した。

⑱「でも、大丈夫。頑張るから。時間なので部活に戻ります。先生、話を聞いてくれてありがとう」 O：笑顔をみせながら、退室する（友人の迎えはなかった）。	⑲「部活、無理しないでね。またね」	⑳話を振った後に退室したので伝えた内容に不快感を抱いた可能性もあるが、保健室にいた時間は普段通りのため、単に時間がきたから退室したと考えてもよいだろう。本人の価値観にもかかわる内容のため、短時間ではなく、段階的な支援が必要である。また、友人関係を含めたU子の背景理解についても担任等との連携が必要である。 U子への支援は必要であるが、他にも見えやすい問題を抱えた生徒対応が山積している状況の学校においては、情報提供や組織対応についてタイミング、方法等留意が必要である。 【支援計画】 ①関係教職員との情報共有 ②友人関係について情報収集 ③SST 　・自己理解 　・アサーションなど ④環境調整 　（U子の負担の軽減等） ⑤必要時、チームカンファレンス ⑥必要時、SCとの連携

事例18　仕方ないから、これでいいわ…

　Ａさんは４年生進級時に同じ町内の小学校から転入してきました。春休み中にすでに近隣の児童と交流していたことから、転入初日となる始業式には学年の男子数人と笑顔で名前を呼び合う仲になっていました。初日からものおじすることなく、体育館での転入生紹介の際も大きな声であいさつができ、質問タイムの応答も堂々とこなし、頼もしいスタートを切りました。

　その日の児童下校後、Ａさんの担任が保健室に保健調査票等を持ってやってきました。全項目漏れはなく、丁寧な文字で記入されていました。既往歴、予防接種歴等、すべてにおいて気になる点はなく、「きっちりと書かれた調査票ですね」と預かりました。そして、私が「すっかりなじんでいる！という感じですね」と頼もしいスタートへの安堵感を伝えると、担任は「そうなの。でも、なんか、大丈夫かな…。いや、元気でいいんだけどね。まぁ、初日だし、元気に来てくれてよかったわ」と、少し気になる点があるようにも受け取れる返事でした。「なにか、気になる点、ありました？」と返すと、「いやいや、まぁ、元気はいいよね」とのことでした。教室で半日間、彼を観察した担任は何かを感じているようでした。

　そして、翌日です。放課後になると担任が保健室にやってきて、「Ａさん、元気やわ」と笑顔ですがため息まじりに話し出しました。「あ、先生、昨日も言ってましたよね、『元気』って。それで、どんな風に元気なんですか？」と尋ねると、「ずっとしゃべってる。ずーっとしゃべってるの。なんかちょっと気になるわ。注意しても『は〜い』って、嬉しそうなのよ。どう思う？」と困った風でもあり、でもＡさんに興味深々といった様子でした。そして「明日の二測定、楽しみにしておいて」と言われました。「わかりました。楽しみにしておきます」と共に笑いながら答えました。

　さて、二測定の日、Ａさんは「おはようございまーす。Ａでーす」とクラスのみんなと一緒に保健室に入ってきました。場にそぐわない少しふざけた大きな声だったため、周囲は大笑いします。そして、「あー、保健室の先生ですね。僕、Ａでーす。二測定お願いしまーす」と続けます。私は、あえて低めの声でボリュームを抑え、「はい、Ａさん、初めまして、保健室のＹ田です。よろしくお願いします」とゆっくり返しました。「Ｙ田ナニ子さんですか？　ここの保健室は狭いですね」とすぐに応答してきます。しかし、こちらの答えを待つことなく、「保健室は初めてだ」「前の学校と同じ機械だ」「ぬいぐるみがある。僕もミッフィー好きです」と発信が続きます。担任が「はい、Ａさん。お口チャック！」

と言葉と身振りで伝えました。Ａさんは、「はい、Ａさん。お口チャック！」と先生の言葉をわざと面白おかしく真似、周囲からの注目と笑いを得て、そして着席しました。測定は、測定結果を読み上げない方法をとっていたため、「あれ？　言わないの？　ここの学校は言わないの？」と周囲の児童に話しかけ、周囲はうんうんと頷き、お口チャックであることを身振りでＡさんに伝えていました。測定が終了し、児童が退室した後に担任に「教室でもこんな感じですか？」と尋ねると、「そう、こんな感じ。まだ３日目なのに、どう思う？」と意見を求められました。「場の雰囲気とか、あまり気にしないタイプ？　みんなに注目してもらって笑ってもらって喜んでる？　注意しなかったらしゃべり続ける勢い」と答えました。養護教諭としても、大きな違和感がありましたが気になる点を列挙するに留め、前籍校との引継ぎをお願いしました。

　１週間もたたないうちに、Ａさんのことは全教職員が知るところとなりました。理科の教員からは「話を聞いてないので、勝手に先々するから危険で、厳しく注意した」、音楽の教員からは「叫び声で歌うので注意したら、何がダメなんですか？　歌えって言ったから歌ったのにダメだったらどうしたらいいんですか？って。授業中断よ」と、苦情ともいえる内容が、Ａさんとかかわる教員から聞かれるようになりました。５月の連休明けになると注意を受ける機会がますます増し、これまでは「おふざけ」で応答していたＡさんも度重なる注意叱責に、硬い表情で応答するようになり、その様子に教員は「やっと話が聞けるようになってきた」と指導に手ごたえのようなものを感じ始めていました。また、学級担任は、注意してもしても行動が改まらず、授業中断を余儀なくされることに対し「もう、いい加減にしてほしい！」と勢いよく言うことが増えていました。クラスの子どもたちは、「Ａさんいつも先生に怒られてる。最近、先生よう怒る」「Ａさん、面白い時もあるけど、ちょっと引くときもある」と教室での様子を語りました。教員は、Ａさんの言動にストレスを抱えながらも、職員室で「Ａさんに困らされたエピソード」を共有することで苛立ちを解消し、冷静さを取り戻しているようでした。しかし、効果的な対応やＡさんの良さについては話題に上ることはなく、叱り方を強めるといった対応が続きました。

　前籍校の情報では、保護者も養育に手を焼き、厳しく叱ることが常態化し、時には手が出ることもあったため、保護者の意向もあり児童相談所に保護されていた時期があったことがわかりました。しかし、今後の養育について検討する中で、我が子と離れてみると両親はさみしくなり、養育態度を振り返り、Ａさんは施設措置にはならずに自宅に戻ることになったとのことでした。両親は、手が出ることはなくなったもののＡさんの変わらない様子に、「言うことを聞かなければまた相談所に預ける」と強い口調で迫ることも度々あった

ようです。この情報を受け、職員室ではＡさんに対する見立てとして多動や衝動性といった特性を認めつつも、だからこそ、いけないことはいけないと厳しく伝えていかなければならないといった雰囲気になっていきました。

　６月下旬頃から、Ａさんは「手が痛い」「足が痛い」と休み時間に毎日保健室に来室するようになりました。「担任の先生に言ってきた？」と尋ねると、決まって「あっ、忘れた！」と言います。そして、「いいやん、みてや」と腕や足を差し出します。来室しない日はありません。多い日は１日に２〜３回来室し、必ず前腕か下腿が痛いと言います。転入前の経緯もあり、傷や打撲痕について丁寧に問診・観察をしますが、所見はありません。そして、毎回必ず「包帯を巻いて」と言います。「包帯巻かなくても大丈夫だから」と答えますが、「巻いて」「巻かなくて大丈夫」の繰り返しになります。「なんでそんなに包帯巻いてほしいの？」との問いに、「だって、痛いもん」とニコニコしながら答えます。養護教諭としては、包帯に守られたいＡさんの気持ちを痛いほどに感じながらも、包帯を巻くことができませんでした。なぜなら、処置が授業にずれ込んだ上に嬉しそうに包帯を巻いて戻ってきたＡさんのことを、担任はどう思うだろうかと考えたからです。すでに悪化しかけていた担任とＡさんとの関係の悪循環にさらに拍車がかかると思ったからです。また、教室で、包帯を巻かれた腕を嬉しそうに見せることで、学級内でＡさんはどのような人としてクラスメイトに認知されていくのだろうかと考えると、巻くことができませんでした。小さいことだけれど、とても大きな葛藤を抱えたまま、２週間が過ぎていきました。そして、その翌日も保健室で同じやり取りが始まります。何度お願いしても包帯を巻かない養護教諭に対し、Ａさんは悪態をつくこともなく、ニコニコと毎日やってきます。そして、この日も、「巻かなくていい」と養護教諭に言われ、教室に戻りました。ところが、退室した２〜３分後にＡさんが保健室に戻ってきました。なんと、トイレットペーパーを包帯代わりに、上肢をぐるぐる巻きに三角巾で吊ったかのようにして、下腿にもトイレットペーパーを巻き付け、手にはトイレから外してきたペーパーのロールを持っていました。そして、「仕方ないから、これでいいわ」と言いました。「わかったわ。Ａさん、ここに座り」と入室を促し、Ａさんのふざけた態度に合わせて養護教諭も笑顔でわざと大きく呆れた様子を見せました。しかし本当は、Ａさんの気持ちを想像して自責の念でいっぱいでした。包帯を巻いてほしいといつも訴えていたにも関わらず巻いてもらえなかったこと、なので仕方なく自分でそれっぽく巻いたこと、それもトイレのトイレットペーパーで、そして、教室に戻るのではなくその姿を見せにわざわざ保健室やってきたこと、これらを考えると、

もう降参でした。「Ａさん、その腕と足には包帯はいらんから、先生はずっと包帯巻かなかった。でも、Ａさんの心はちょっと違ってたね。包帯で守られたいって言ってるね」と言うと、「おぉ、まぁな」と返事がありました。「トイレットペーパーではみんなもびっくりするし、それ外そうか。そして、腕のところにちょっとだけ包帯巻こうか？」と言うと、「おぉ。じゃあ、はずすわ」と自分でペーパーを一気に引きちぎりました。私は、「こうして先生はついにＡさんを甘やかしてしまいました。この腕に包帯はいらんけど、ハートにはちょっとあった方がよさそうやもんね。腕ではなく、ハートに包帯巻きますね」と巻きました。Ａさんはニコニコしながら自分の腕を見ていました。「どうですか？　ちょっと、なんか、守られて安心みたいな感じはありますか？」と少し改まって尋ねると、「お、なんだかいいなぁ」と答えました。あれだけ巻いてほしいと訴えても巻いてくれなかったのに、トイレットペーパーを巻いてきたからと急に態度を変えた養護教諭に対して、何を今さらと怒ることも拗ねることもなく、Ａさんは満足そうでした。

　担任には、トイレットペーパーのエピソードが『悪ふざけ』ではないことを理解してもらいたく、養護教諭なりのアセスメントを伝えました。「それはわかるけど。だからって、教室でずっとしゃべって好き勝手するのは違うよね」と、理解したいという思いよりも日々の授業や学級経営の困難さの方が優先され、言葉だけではなく口調や表情から、Ａさんに対する負の感情が読み取れました。このような中、Ａさんの保健室利用は休憩時間のみとのルールが徹底され、保健室で話を聴くといったことはできないまま、「痛い」「かゆい」「だるい」といった訴えと、「熱測らせて」「保冷剤ちょうだい」「ばんそうこう貼って」「包帯巻いて」という要求に休憩時間内で応えるのみとなりました。

　２学期になると、行事の取り組みのため担任以外の教員とのやり取りが増え、注意叱責を受ける機会が増していきました。「練習に行きたくないなぁ、ここにおろうかなぁ」と保健室から出たがらないこともあり、私は当然の成り行きだと自身の対応を反省しました。校内体制としてのＡさんへの対応と、保健室ならではのＡさんへの関わりがあまりにかけ離れており、養護教諭がうじうじと苦慮している間にとうとう子どもから異議申し立てが出たと受けとりました。この子が社会に出たときに困らないようにと懸命に適切な行動を教えようとする学校方針に対し、保健室はその指導からの逃げ場になると認知され、Ａさんはけがと病気以外での保健室利用は禁止となりました。そのような状況にもかかわらず、その後もＡさんは、「『けが』だから来た」と休み時間にはほぼ毎日来室しました。職員室では、Ａさんの不適切な言動とそれに対する指導内容についての共有はされていましたが、指導後のＡさんの様子や、周囲の児童との関係性についてなどは話題に上がらなくなりま

した。担任は、Ａさんへの対応に疲弊し、私にＡさんのことは話さなくなり、こちらから
の働きかけができる状態ではなくなりました。保健室利用を禁じることで担任の気持ちが
落ち着くのであればと、苦しい思いで私は一歩引きました。それができたのは、短時間で
あってもＡさんが毎日顔を見せてくれていたからです。

　５年生に進級し、新しい担任に代わりました。新担任は、自分の情熱でＡさんの不適切
な言動を修正してみせようと、Ａさんに果敢に対応しました。その結果、Ａさんと担任が
互いに意見を言い合うことが多くなり、担任の指示を聞き入れられないＡさんが最終的に
は教室を飛び出すという場面がみられるようになっていきました。校内を探し回るのは、
４年時の旧担任を含む５学年集団と、その時職員室にいた教職員が引き受けていました。
ある日、大興奮で教室を飛び出したＡさんを連れて旧担任がやってきました。私には「先
生、ちょっと休ませてもらっていい？」と言い、Ａさんには「ちょっと落ち着きなさい」と
入室を促しました。私は、Ａさんは病気やけが以外では保健室利用禁止でしょ？　ましてや
授業中などダメでしょ？　それ校内ルール違反では？と大人げない感情もわきましたが、大
興奮のＡさんを前に、「もちろん、どうぞ」「Ａさん、よく来てくれたね。うん、これは何か
あったね、話せるようになったら聴かせてよ」と迷わず答えました。15分ほどして「あ
いつ、ムカつく」とＡさんが鋭い口調で言いました。旧担任は、「担任の先生をあいつとか
言わないの」、私は「ムカつくことがあったんだ」と、二人でＡさんの話を聴くことにな
り、このようなことが週に２〜３回、繰り返されていました。私は、「その言い方はよくな
かったかもしれないけど、そんな風に感じるＡさんの気持ちはよくわかったよ」「ちゃんと
話してくれて、ありがとう」と意識して毎回伝えていました。すると、相手の話を茶化す
ことなく素直に聞き入れる様子や、「また言ってしまった」と自分を振り返るＡさんの様子
に、旧担任が「反省できるんや…」とつぶやきました。『担任と言い合いになり教室を飛び
出す→旧担任が見つけて保健室に連れてくる→私が話を聴き、旧担任はそばでその話を聞
いている』というパターンが常態化していきました。１学期の後半になっても、Ａさんの
飛び出し行動の頻度は週１回程度はあり、旧担任が私に「毎回なんだから、こうならない
ように教室ではちょっと話の持って行き方を変えるとか、いるよね？」とつぶやくことも
ありました。また、保健室に来室者が多いときは、Ａさんの話を旧担任が聴くこともあり
ました。

　２学期になると、旧担任はＡさんを連れての保健室来室頻度が高くなった分、他の保健
室来室児童や保健室登校の児童との接触機会もおのずと増え、いつの間にか、その児童た
ちとのおしゃべりが増え、そのおしゃべりが適切な児童対応になっていました。また、Ａ

さんに課せられた保健室利用ルールもいつの間にかこだわる人の方が少数派となり、保健室はけがや病気以外に落ち着きたい時に利用してもよい場になりました。これは、Ａさんと旧担任のおかげです。また、変わらず多動と衝動性の高い傾向がみられるＡさんですが、職員室では「怒ってばかりではどうにもならない」「まずＡさんの言い分を聴いてやらないと」と言う学年教員が現れました。この教員の変容を支えたのはＡさん自身です。自分が責められているのではなく、大事にされていると感じたときは、「それは俺も悪かったけどな…」と自分を振り返る姿から、教員は対応の仕方を学んでいったのだと思います。Ａさんに対する教員の理解が進む中、旧担任は６年生になったＡさんの担任になりました。「Ａさん、いい加減にしなさい！」などの注意叱責もありながらも、二人で保健室に来ては反省会のようなお話会をすることが繰り返されるようになりました。それと並行して、Ａさんが大興奮をして教室を飛び出すことはピタッとなくなりました。授業中、自分で自分が手に負えなくなると「おれ、保健室！」と担任に行き先を告げ、許可を得て来室できるようになりました。

　気持ちを分かって話を聴いてくれる先生には、子どもたちはどんどん話します。聴いてくれる人がいるから話せる子が育ちます。そうすると教員と子どもの間に好循環が生まれ、そこでやっと教育がスタートできるのではと感じました。心理的余裕は大人にも子どもにも必要です。問題行動の多いＡさんを学級担任として感情的に巻き込まれないで関わっていくには、力量だけでなく『余裕』も必要であることを学びました。私や旧担任がそうであったように、担任外の立場あるいは保健室といった子どもとの適度な距離感は、その子どもに対する心理的な余裕を作り、その余裕が、普段は気づきにくい子どもの良さや一歩引いた全体像を見えるようにしてくれるように思いました。そう考えると、学級担任が子どもに対して最高のパフォーマンスを発揮できるよう、担任の経験や知識技術だけでなく心理的余裕についてのアセスメントも行い、その調整を図っていくことも養護教諭だからこそできる重要な役割の一つではないかと思います。

SOAP

児　童　・　生　徒	教　師	アセスメント
初日から物怖じすることなく、体育館での転入生紹介の際も大きな声であいさつができ、質問タイムの応答も堂々とこなし、頼もしいスタートを切りました。		転校し、これまでの友人関係に強制終了がかかったことが大きなストレスになることはなさそうと見立て、新たな人間関係を築くエネルギーを持ち合わせ、そのスキルが発揮できていることに安堵している。
Aさんの担任が保健室に保健調査票等を持ってやってきました。		養護教諭の職員室机上に置くのではなく、保健室まで来て手渡ししてくれたことに、担任の子どもを大切にする姿勢を感じる。同時に保健室機能を尊重し、養護教諭を頼りに思ってくれていることも感じる。これらのことから、担任と協働して転入生を見守ろうと改めて思う。
全項目漏れはなく、丁寧な文字で記入されていました。	既往歴、予防接種歴等、すべてにおいて気になる点はなく、「きっちりと書かれた調査票ですね」と預かりました。	気になる所見はなく、要管理の対象ではないことを確認する。また、初日に忘れずに提出したこと、文字の丁寧さと記入漏れがないことから、きっちりとした保護者であると推測する。
	「すっかりなじんでいる！という感じですね」と頼もしいスタートへの安堵感を伝える。	養護教諭自身が安堵しているので担任もきっとそうだと判断し、安堵感を伝えている。
担任は「そうなの。でも、なんか、大丈夫かな…。いや、元気でいいんだけどね。まぁ、初日だし、元気に来てくれてよかったわ」と、少し気になる点があるようにも受け取れる返事でした。	「なにか、気になる点、ありました？」と返す。	子ども理解に、担任と養護教諭とでは温度差があることを知る。自分が安堵しているから相手もきっとそうだろうという思い込みを反省する。慌てて気になる点を尋ね、担任への気持ちの寄り添いとAさんに関する情報収集を行う。

「いやいや、まぁ、元気はいいよね」		Ａさんを「元気」と理解すべきか、「場にそぐわない言動がある」と理解すべきか、担任の迷いを感じる。しかし、その直前に養護教諭が「元気と理解して安堵している」とのアセスメントを伝えているため、担任は自分の本心が言いにくくなっている可能性がある。そのため、担任へのこれ以上の聞き取りは控え、養護教諭、担任共にしっくりとしない感情を抱えたままこの場でのやり取りは一旦終える。
放課後になると担任が保健室にやってきて、「Ａさん、元気やわ」と笑顔ですがため息まじりに話し出しました。	「あ、先生、昨日も言ってましたよね、『元気』って。それで、どんな風に元気なんですか?」と尋ねる。	担任は、「養護教諭の安堵感」を押し付けられていたにも関わらず、翌日放課後にＡさんの話をするために来室している。この行動に、養護教諭は自分との協働を放棄されなかったとホッとする。よって、情報収集よりも信頼回復のために、担任の気持ちに寄り添うことを最優先とする。
「ずっとしゃべってる。ずーっとしゃべってるの。なんかちょっと気になるわ。注意しても『は〜い』って、嬉しそうなのよ。どう思う?」と困った風でもあり、でもＡさんに興味深々といった様子でした。そして「明日の二測定、楽しみにしておいて」と言われました。	「わかりました。楽しみにしておきます」と共に笑いながら答えました。	「どう思う?」と意見を求める様子に、Ａさんに少し困り感を持ちながらも、そのアセスメントを養護教諭と共に行い、彼を理解したいという担任の意欲を感じる。同時に保健室への信頼も感じ、それに応えなければと思う。
場にそぐわない少しふざけた大きな声だったため、周囲は大笑いします。		「周囲の児童の反応」に対するＡさんの反応を観察し、Ａさんの行動の意味をさぐる。

そして、「あー、保健室の先生ですね。僕、Aでーす。二測定お願いしまーす」と続けます。	あえて低めの声でボリュームを抑え、「はい、Aさん、初めまして、保健室のY田です。よろしくお願いします」とゆっくり返しました。	テンションが高く、初めての部屋で初めての人に対する振る舞いとしては適切さに欠けると感じる。養護教諭がAさんのテンションに乗っていないことを示し、また彼のテンションがこれ以上上がらないようにするために、意図的に低い声でゆっくりと話す。
「Y田ナニ子さんですか？　ここの保健室は狭いですね」とすぐに応答してきます。しかし、こちらの答えを待つことなく、「保健室は初めてだ」「前の学校と同じ機械だ」「ぬいぐるみがある。僕もミッフィー好きです」と発信が続きます。		頷くのみで音声を一切発しないことで、こちらの応答を求めているのか、あるいは発信のみで満足しているのかを確かめる。応答は求めていないことがわかる。 発達にかかわる特性について、よりアセスメントが必要だと判断する。
担任が「はい、Aさん。お口チャック！」と言葉と身振りで伝えました。Aさんは、「はい、Aさん。お口チャック！」と先生の言葉をわざと面白おかしく真似、周囲からの注目と笑いを得て、そして着席しました。		担任のAさんに対する指導の言葉と口調が柔らかく、威圧的でないことから、担任がAさんに感情的に巻き込まれずに必要な指導ができていることにホッとする。 Aさんは、担任の注意も注目を得るための機会としている可能性があることから、注目欲求が大きいのではと推察する。一定の注目を得た後は指示通りに適切な行動をとれていることから、こちらの対応次第で行動を整えていくことができるのではないかと推察する。

周囲はうんうんと頷き、お口チャックであることを身振りでAさんに伝えていました。		クラスの子どもたちは、Aさんの言動に大笑いしながらもAさんの行動の是非については判断ができており、呆れたり攻撃したりすることなく上手に対応ができている。子どもたちの力も借りながら、Aさんの注目欲求の適切な満たし方を探る必要がある。
	担任に「教室でもこんな感じですか？」と尋ねる。	初めての保健室でテンションが上がっただけか、常にこの様子なのかを確認する。
「そう、こんな感じ。まだ3日目なのに、どう思う？」と意見を求められました。	「場の雰囲気とか、あまり気にしないタイプ？　みんなに注目してもらって笑ってもらって喜んでる？　注意しなかったらしゃべり続ける勢い」と答えました。	養護教諭のアセスメントを伝える。
	前籍校との引継ぎをお願いしました。	転入が何かのきっかけになってのこの状態かもしれないため、転入前の様子を情報収集したいと考え、依頼する。家庭での様子も気になるが、保健調査票の記入の丁寧さから、家庭に大きな課題はないのではと考える。
苦情ともいえる内容が、Aさんとかかわる教員から聞かれるようになりました。		「苦情」は増えるが、Aさんをどのように理解、対応すればよいのかといった話題にはならないことに、養護教諭は危機感を抱き始める。Aさんは授業妨害をしているのではなく注目欲求が強く、発達的な特性があるのではないかという見立てを伝えるが、それは「苦情」の解決にはならないと、耳を傾ける教員はいない。

これまでは「おふざけ」で応答していたＡさんも度重なる注意叱責に、硬い表情で応答するようになり、その様子に教員は「やっと話が聞けるようになってきた」と指導に手ごたえのようなものを感じ始めていました。		Ａさんの硬い表情は、行動改善に向けて教員の指導を受け入れたのではなく、自分が理解されずに注意叱責を受ける状況への不満の表れだと養護教諭は見立てているが、このような児童理解が今の職員室では伝わらないとあきらめている。そのため、意見を言うことができなくなっている。
学級担任は、注意してもしても行動が改まらず、授業中断を余儀なくされることに対し「もう、いい加減にしてほしい！」と勢いよく言うことが増えていました。		担任のしんどさがわかるだけに、不適応行動を注意の対象とするのではなく理解の対象としましょうと、ますます言えなくなる。
「Ａさん、面白い時もあるけど、ちょっと引くときもある」と教室での様子を語りました。		クラスの友だちも、Ａさんを「面白い子」から「ついていけないところがある子」と認識が変化しつつある。このままでは、担任や他の教員、クラスの子どもたちとの関係性が穏やかではなくなり、指導と不適応行動が悪循環しだし、学校でのＡさんの居場所がなくなると考える。どうにかしなければならないと思うが理解を得られる自信がなく、動けない。
この情報を受け、職員室ではＡさんに対する見立てとして多動や衝動性といった特性を認めつつも、だからこそいけないことはいけないと厳しく伝えていかなければならないといった雰囲気になっていきました。		保健調査票の記入状況から推測していた家庭状況と実際との相違に驚き、憶測だけで確認しなかったことを反省する。 特性への理解はなされたため、他教員との共有事項ができ、突破口ができたと養護教諭の気持ちが立ち直る。

167

6月下旬頃から、Aさんは「手が痛い」「足が痛い」と休み時間に毎日保健室に来室するようになりました。「担任の先生に言ってきた？」と尋ねると、決まって「あっ、忘れた！」と言います。		ついに来たかと思い、これまでAさん理解や対応について教員への働きかけや調整ができていない分、保健室ではしっかり受け入れ、養護教諭の見立てに基づいた対応をしようと決める。毎回、担任には絶対に言わずに来室することから、担任との関係が良好でないことを推察する。
そして、その翌日も保健室で同じやり取りが始まります。何度お願いしても包帯を巻かない養護教諭に対し、Aさんは悪態をつくこともなく、ニコニコと毎日やってきます。	この日も、「巻かなくていい」と養護教諭に言われる。	要求に応えない保健室であるにも関わらず、連日来室するAさんに、養護教諭は対応の機会をもらい、助けられている。来室がなくなっては困るため、包帯を巻かない分、より丁寧に関わることを心がける。巻く、巻かないのやりとりが深刻なやりとりにならないよう、絶えずユーモアを交え、明るい雰囲気を心がける。
上肢をぐるぐる巻きに三角巾で吊ったかのようにして、下腿にもトイレットペーパーを巻き付け、手にはトイレから外してきたペーパーのロールを持っていました。そして、「仕方ないから、これでいいわ」と言いました。	「わかったわ。Aさん、ここに座り」と入室を促し、Aさんのふざけた態度に合わせて養護教諭も笑顔でわざと大きく呆れた様子を見せました。「Aさん、その腕と足には包帯はいらんから、先生はずっと包帯巻かなかった。でも、Aさんの心はちょっと違ってたね。包帯で守られたいって言ってるね」	ユーモアで同調した後、状況を言語化し、本人に自己理解を促す。また、Aさんをここまで追い込んだ自責の念から、すでに校内に存在する「保健室甘やかし論」と向き合う覚悟が定まる。まず、不要な手当ではなく必要な対応であることを養護教諭が周囲に説明できる必要があると考え、自分自身への自覚と覚悟を促す意味でも、この対応の意味と根拠を言語化する。

「おぉ、まぁな」	「トイレットペーパーではみんなもびっくりするし、それ外そうか。そして、腕のところにちょっとだけ包帯巻こうか？」	心が守られたがっているという言葉を拒否しない。本当に心がカラカラに渇いていること、また、伝え方を工夫すれば、大人の話をこんなにも素直に受け入れる力があることを改めて知る。
「おぉ。じゃあ、はずすわ」と自分でペーパーを一気に引きちぎりました。	「こうして先生はついにＡさんを甘やかしてしまいました。この腕に包帯はいらんけど、ハートにはちょっとあったほうがよさそうやもんね。 腕ではなく、ハートに包帯巻きますね」と巻きました。	一気に引きちぎる様に、心の渇きと期待が見て取れる。再度、手当の本質について言語化し、養護教諭自身の自覚と、Ａさんの自己理解を促す。
Ａさんはニコニコしながら自分の腕を見ていました。	「どうですか？　ちょっと、なんか、守られて安心みたいな感じはありますか？」と少し改まって尋ねる。	保健室での手当であるため、ふざけ感やユーモアを意図的に排除し、本人に処置の感想を尋ねる。
「お、なんだかいいなぁ」		何をいまさらと言わずに、手当を受け入れてくれたＡさんには感謝しかない。
「それはわかるけど。だからって、教室でずっとしゃべって好き勝手するのは違うよね」	担任には、トイレットペーパーのエピソードが『悪ふざけ』ではないことを理解してもらいたく、養護教諭なりのアセスメントを伝えました。	養護教諭は、担任に伝えても理解されないのでは、言っても仕方がないのではといった自信のなさや諦めは払拭できており、伝わらなくとも伝える責任があると強く感じている。また、たとえ理解や協働がすぐ得られなくても、Ａさんへのアセスメントや対応についての保健室の方針を今表明しなければＡさんに対して保健室機能を発揮できないと考えている。

このような中、Aさんの保健室利用は休憩時間のみとのルールが徹底され、保健室で話を聴くといったことはできないまま、「痛い」「かゆい」「だるい」といった訴えと、「熱測らせて」「保冷剤ちょうだい」「ばんそうこう貼って」「包帯巻いて」という要求に休憩時間内で応えるのみとなりました。		Aさんの保健室利用制限に、養護教諭としては納得できていないが、現状でできることを積み重ねるしかないと考えている。要求通りに処置することではなく、受け入れることが目的であるため、Aさんの体と言葉に丁寧に向き合い、そして、次回につながるよう、毎回「また待ってるね」と声をかけ、見送る。
ある日、大興奮で教室を飛び出したAさんを連れて旧担任がやってきました。養護教諭には「先生、ちょっと休ませてもらっていい？」と言い、Aさんには「ちょっと落ち着きなさい」と入室を促しました。	「もちろん、どうぞ」「Aさん、よく来てくれたね。うん。何かあったの？　話せるようになったら聴かせてよ」	これまでは保健室を排除した校内ルールのもとでAさん対応がなされてきていただけに、学校体制として保健室の出番が来たことをうれしく思う。 昨年度、旧担任とは、Aさん理解を促したい養護教諭と疲弊する担任といった関係性で、心理的距離ができたまま年度を終えている。その旧担任がAさんを連れて来室したことに、関係が完全に切れていなかったことに感謝し、今度こそチームが組めるようにつながろうと決意を新たにする。
15分ほどして「あいつ、ムカつく」とAさんが鋭い口調で言いました。	「ムカつくことがあったんだ」「その言い方はよくなかったかもしれないけど、そんな風に感じるAさんの気持ちはよくわかったよ」	養護教諭の待つ姿勢、聞き流す言葉と拾う言葉等、子どもの言葉の扱い方について、Aさん対応を旧担任に見てもらおうと意図している。場所が保健室なので、自分のテリトリー感があり、やりやすい。

旧担任が「反省できるんや…」とつぶやきました。		旧担任は、自分の目と耳でＡさんの力を知ることになる。このことが、旧担任のＡさん理解の変化と対応変容の大きなきっかけになったと思われる。
旧担任が養護教諭に「毎回なんだから、こうならないように教室ではちょっと話の持って行き方を変えるとか、いるよね？」とつぶやくこともありました。		現担任のいつもの対応によりＡさんの飛び出し行動が引き起こされているのではないかと推察し、担任の行動を変えてみてはどうかと提案している。Ａさんの観察ではなく、Ａさんと担任との相互作用を観察対象としており、担任ではないため一歩引いた大きな視点で観察・分析ができている。Ａさんの不適応行動に巻き込まれず、心理的余裕が持てていることでこのような推察が可能になっているのではないかと考える。
保健室に来室者が多いときは、Ａさんの話を旧担任が聴くこともありました。		保健室というＡさんにとっての安心安全な場所で、対応する者を拡大していく。
他の保健室来室児童や保健室登校の児童との接触機会もおのずと増え、いつの間にか、その児童たちのとのおしゃべりが増え、そのおしゃべりが児童対応として適切なものになっていました。		心理的要因で保健室に来る子どもたちと共に保健室で過ごす中で、会話一つ一つが意図的であり、教育的に意義あることを、旧担任は体験的に理解する。さらに、養護教諭がアセスメントや解説、旧担任の聴き方の良かった点を伝えることで、集団に入りにくい子どもたちに対し保健室がどのような役割を果たしているかの理解を深めている。

Aさんに課せられた保健室利用ルールもいつの間にかこだわる人の方が少数派となり、保健室はけがや病気以外に落ち着きたい時に利用してもよい場になりました。		旧担任が保健室の役割を理解し、変容したことで、他教員の保健室への理解が一気に変わる。保健室利用に制限がかかるというピンチが一転し、保健室機能への理解者が増えるという結果につながる。ピンチはチャンスであることを再認識する。
旧担任は6年生になったAさんの担任になりました。「Aさん、いい加減にしなさい！」などと注意叱責もありながらも、二人で保健室に来ては反省会のようなお話会をすることが繰り返されるようになりました。		旧担任が、再度Aさんの担任を引き受けたことの意味や思いを想像すると、感慨深いものがある。担任とAさんが良好な関係で学校生活が送ることができるよう、両者をつなぐ役割を果たさなければと思う。養護教諭は、自分のアセスメントを周囲に押しつけるのではなく、結果を出すことで周囲の理解と協働を得て、校内で保健室が機能できるよう体制を整えていかなければならない。
授業中、自分で自分が手に負えなくなると「おれ、保健室！」と担任に行き先を告げ、許可を得て来室できるようになりました。		Aさんは自己理解が進み、落ち着く場として自ら保健室を活用できるようになっている。これは、保健室に行くと言った時に、そう言えたことを認め、許可する担任がいるからこそ育った力である。

第3章　幼稚園での事例から見えてくるもの
子どものSOSサインには何があるのか考えよう

　養護教諭は、日常的に子どもの健康状態を観察し、心身の健康問題を早期に発見して適切な対応をとることによって、学校における教育活動を円滑に進めることが必要です。毎日の担任等による朝の健康観察を集計、分析して管理職に報告することをはじめとして、児童生徒の心身の状態で気になることがあった場合は、積極的に関わっていくことが求められます。

　これは、学校保健安全法第9条にも定められています。養護教諭その他の職員は、相互に連携して、健康相談又は児童生徒等の健康状態の日常的な観察により、児童生徒等の心身の状況を把握し、健康上の問題があると認めるときは、遅滞なく、当該児童生徒等に対して必要な指導を行うとともに、必要に応じ、その保護者に対して助言を行うものとする。これは保健指導についての項目ですが、「健康状態の日常的な観察により」という箇所に健康観察が含まれています。

　日常的な観察の中から、これは注意が必要だなと思うSOSのサインにはどのようなものがあるでしょうか。就学前の子ども、小学生、中学生、高校生では違ってくるのでしょうか。幼稚園の事例を元に考えてみましょう。

事例19　登園のお迎えから　〜幼稚園で嫌なことがある〜

対象児：A男〔5歳児〕
　毎朝A男は母親に送られて登園する。母親に「いってきます」と言いながら、ハイタッチをして別れ、門にいる養護教諭には、片手を軽く挙げて「おはよう」とあいさつをして幼稚園の中に入る姿がみられた。

登園時

A男と母親の姿	養護教諭	アセスメント
いつもはにこにこして登園するが、今日は、渋い顔。	「A君おはよう」と言葉をかけても返ってこない。	いつもと様子が違う。何かあったのかな？

	A男に「帽子忘れたの？」と聞く。	他に違うところはどこかな？通園帽子をかぶっていない。
養護教諭の方は向かず、幼稚園の玄関に入っていく。	母親に「帽子は忘れましたか？」と聞く。	どうしたのだろう。今日1日幼稚園で楽しく過ごせるのだろうか。母親に家庭での状況を聞いてみよう。
母親が「今日は気持ちがブルーな様です」と答える。	「あらら、珍しいですね。今日はブルーなんですね」	
母親が「今朝怒って、こんなものはいらない！と通園帽子投げたので、そのままにして来ました」と答える。		特に家で何かあったわけではないのか。なぜ気持ちがブルーなのだろうか。
	「分かりました。担任の先生に伝えます」	
	登園時間が終わって、各学級に欠席の幼児を伝える時、A男の様子を担任、学年補助に伝える。担任は「何か幼稚園で嫌なことがあったのではないか？」とのことだったが、母親は特に何も言っていないことを伝える。好きな遊びのとき、A男がどのような様子か遠くから見る。	担任は「何か幼稚園で嫌なことがあったのではないか？」ということが気になるようだ。何かあるのだろうか。今日はA男の様子を観察しておこう。 特に変わったところはない様に見える。
昼ごろ：園内でPTAの仕事をしていた母親が、職員室に来る。母親が「うちの子どうですか？」と養護教諭に話し掛ける。		やはり母親も心配しているな。
「たぶんそれはないと思います。	「朝は、ふつうに遊んでいましたが、先生が何か幼稚園で嫌なことがあったのではないかと心配していました」	担任との情報交換も話しておこう。

昨日も行きたくないと言っていたのに、帰るときにはニコニコしていましたから。 日曜日にスキーに行って、すごく上手に滑れるようになったので、疲れたのだと思います」	「すごいですね。スキーが上手になったのですね。疲れたのかな。分かりました。担任に伝えます」 担任に伝える。担任「疲れかな。今日はB君と遊んでいる様子が見られたのだけど」と話す。	昨日も幼稚園には行きたくないと言っていたのか。2日連続になるが、やはり何か幼稚園であったのではないだろうか。 特に変わったところはないようだ。

翌日　登園時

A男の母親の姿	養護教諭	アセスメント
A男「おはよう」と幼稚園へ入る。 母親「今日は早帰りをさせます。幼稚園で嫌なことがあるのか聞いてみたところ、二つあるようです」 「一つは、サッカーに入れないことだそうです」 「昨日一緒に遊んでいたB君も、始めはサッカーをやっていたそうです。二つ目は、お弁当のとき、C君と同じグループで、いい時もあるのだけど、意地悪なことを言われる時もあるのが嫌だそうです。もうすぐグループ替えがあるから、とりあえず今日は、お弁当は食べずに帰りたい。そうしたら明日はがんばる。と言うので今日は早帰りをさせます」	「A君おはよう」 「教えてもらってもいいですか?」 「サッカーそんなに盛り上がっていませんよ」 「ああ、そうなのですか」	今日はにこにこして登園しているな。 意外だな。5歳児でサッカー遊びをやっている子どもが少ないのにA男が入れなくて嫌だったなんて。 「入れて」と言えばすぐに一緒に遊べるだろうが。

「別にグループ替えを今すぐしてほしい訳ではないのですが」		
	「分かりました。担任に伝えます」	幼稚園で嫌なことがあって、登園を渋っていたのだな。すぐに担任に伝えなければ。

　担任は「サッカーはレベルが高くて、入ってもついていけないのではないか。お弁当のグループ替えはまだ先だから、どうしたらいいかな。担任補助に入ってもらうのがいいかな。グループではなくみんなでブルーシートの上で食べるようにしたらいいかな」と現状をふまえ、対策を考えてくれる。また、担任がA男とも話をして、気持ちを聞いた。

　1週間後：登園時に母親から「先日はお世話様でした。もうすっかり良くなったようです。いろいろとありがとうございました」と言葉を掛けてもらう。養護教諭「いえ、話していただいて良かったです」と答えた。

出所：宮城教育大学附属幼稚園（2005）「宮城教育大学附属幼稚園研究紀要　第49集」
pp.71-72を一部改変。

Q1　　A男はどのようなSOSのサインを出していましたか？

　A男のSOSのサインは、いつもはにこにこして登園するのに、渋い顔をしている。「おはよう」のあいさつが返ってこない。いつもかぶっている通園帽子をかぶっていない。養護教諭の方は向かず、幼稚園に入っていくといった姿がありました。また、家庭では通園帽子を投げつけた。幼稚園に行きたくないと言っていたという話を母親から聞いています。

Q2　　就学前の子ども、小学生、中学生、高校生ではSOSのサインは違ってくるのでしょうか。

　養護入門の受講生が考えた幼稚園児のSOSのサイン（p.178の図1）を参考にして、小学生、中学生、高校生についてもSOSのサインを思いつくだけ書いてみましょう。

Q3　SOSのサインを分類してみましょう。

　このような、子どものSOSのサインはいくつかに分類できるかもしれません。
　例えば、体に現れるサイン、行動や態度に現れるサイン、友人関係に現れるサイン、先生に対して現れるサイン、家庭で現れるサイン、生活習慣に現れるサイン、表情に現れるサインなど。今回の事例は、行動や態度に現れるサイン、先生に対して現れるサイン、家庭で現すサインがありましたね。A男は幼稚園で嫌なことがあることを複数のサインで発信していました。

Q4　SOSのサインを発見したとき、養護教諭としてどのような対応を取りますか？

　この事例では、母親に家庭での様子を聞いてみる、担任の先生に伝え、情報交換する、A男の様子を観察する、記録を取るなど行っています。その他に、どのような対応が考えられるでしょうか。
　この事例のように、幼児の発達段階として、周囲の人々に言葉ではなく行動や態度で気持ちを示すことが考えられます。しかし、自ら身近な人に自分の感情や意志などを伝え、それに相手が応答し、言葉を交わす喜びを味わう体験を通して、幼稚園生活を自分で楽しく過ごせるように促すためには、さらに違う支援の方法があるかもしれません。子どもたちの発達に合わせて、養護教諭が柔軟に対応していけたら良いですね。

Q5　学校で養護教諭がいち早く子どものSOSのサインに気づくにはどうしたらよいでしょうか。

　この幼稚園の養護教諭の役割として、登園時は幼稚園の門で一人一人の名前を呼び、挨拶をしながら、幼児を迎えています。このため養護教諭は保護者から、子どもの体調や、家庭での出来事を聞きやすく、情報を得やすい立場にありました。保健室だけにいたのでは、気づくことができなかったかもしれませんね。その他に、どのようにしたら子どものSOSにいち早く気づくことができるのか、そのために養護教諭は何に努力する必要があるのか考えてみましょう。

幼稚園児

1 泣く、一人で泣いている
2 突然泣き出す
3 怒る
4 大声を出す
5 叩く
6 吃音
7 おもらし
8 あまり笑顔を見せなくなる
9 顔色が悪い
10 言葉を発しなくなる
11 ボーっとしていることが増える
12 幼稚園に行きたがらない
13 言うことを聞かない
14 逃げ回る
15 嫌だと駄々をこねる
16 反応が薄い
17 何も言わないけど目で何かを求めている
18 感情の変化が激しい
19 いつもより甘える
20 親や先生に伝える

21 逃げる
22 怪我をした
23 嘔吐
24 大声をあげる
25 静かに抱きついてくる
26 ずっとこちらを見ている
27 よくそばに寄ってくる
28 近くでもじもじしている
29 歩きにくそうにしている
30 挨拶をしなくなった
31 教室などの隅による
32 　1人でいる
33 友達に攻撃する
34 髪の毛を抜こうとする
35 わざと怒られようと行動する
36 指しゃぶり
37 保護者と離れたがらない

図1　養護入門の受講生が考えた幼稚園児の SOS のサイン

1）理想の保健室を考えよう

　養護教諭が一日の大半を過ごす保健室。養護教諭にとっても、子どもたちにとってもできるだけ快適な空間にしていきたいですよね。

　初めに、保健室は子どもたちにとってどのような場所なのか考えてみましょう。

Q6　　保健室は子どもたちにとってどのような場所なのか。

　健康診断をするところ、悩み相談やこころのケア、けがをした時など身体のケア、教室に居づらい子の居場所、ほっと一息休める場所、アルコールや手洗いせっけんの物品補充をするところ、雑談をするところなどたくさんの役割が考えられます。また、保健室にはどのような物品があるのでしょうか。

Q7　　保健室にはあるけれど他の教室にないものとは？

　ベッド、ソファー、身長計、体重計、担架、冷蔵庫、洗濯機など他の教室にはないもの

がいろいろと揃っています。

　このような、学校の中では少し違う空間の保健室は、その設置に関する法的根拠もあります。

学校教育法施行規則（抄）
　　第1条　学校には、その学校の目的を実現するために必要な校地、校舎、校具、運動場、図書館又は図書室、保健室その他の施設を設けなければならない。
学校保健安全法（抄）
　　第7条　学校には、健康診断、健康相談、保健指導、救急処置その他の保健に関する措置を行うため、保健室を設けるものとする。

学校には保健室を設ける必要があること、またその役割も掲げられていますね。

Q8　Q6で考えた子どもたちにとっての保健室を「学校保健安全法第7条」に沿って分類してみましょう。

健康診断

健康相談

保健指導

救急処置

その他の保健に関する措置

さらに細かく、位置や空間について「学校設置整備指針」に書いてあります。

学校設置整備指針　小学校・中学校　保健室の位置
①静かで、良好な日照、採光、通風などの環境を確保することのできる位置に計画するこ

とが重要である。

②特に屋内外の運動施設との連絡がよく、生徒の出入りに便利な位置に計画することが重要である。

③救急車、レントゲン車などが容易に近接することのできる位置に計画することが重要である。

④職員室及び便所等との関連に十分留意して位置を計画することが望ましい。

⑤健康に関する情報を伝える掲示板を設置するなど、健康教育の中心となるとともに、生徒のカウンセリングの場として、生徒の日常の移動の中で目にふれやすく、立ち寄りやすい位置に計画することが望ましい。

学校設置整備指針　各室計画・保健室

（小学校・中学校）

①各種業務に柔軟に対応し、ベッドを配置する空間を適切に区画することのできる面積、形状等とすることが重要である。

②屋外と直接出入りすることのできる専用の出入り口を設け、その近傍に手洗い、足洗い等の設備を設置する空間を確保することも有効である。

③必要に応じ養護教諭がカウンセリングを行うことのできる空間を保健室に隣接した位置又は保健室内に間仕切りを設置する等して確保することも有効である。

（高等学校）

①と②は、小中学校と同じで③が違ってきます。さらに④と⑤が加わります。

③必要に応じ生徒が養護教諭に自由に相談できる空間を、保健室に隣接した位置又は保健室内に間仕切りを設置する等してプライバシーに留意しつつ確保することも有効である。

④健康教育に関する掲示・展示のためのスペースや委員会活動のためのスペースを、室内又は隣接した位置に確保することが望ましい。

⑤保健室に近接した位置に便所を計画することが望ましい。

Q9　小・中・高等学校と同様のところもありますが、特別支援学校でさらに加わるところに注目してみましょう。

（特別支援学校）

①各種業務に柔軟に対応し、各種機器・器具等を適切に配置・収納し、ベッドを配置する

空間又は畳敷きの空間を適切に区画できる面積、形状等とすることが重要である。

また、必要に応じ、医療的ケアに対応できるよう必要な機器・器具等の設置や洗浄、点滴等が実施できる面積、形状等とすることが重要である。

②明るく落ち着いた心を和ませる雰囲気の空間とすることが重要である。

③小・中・高等学校の②と同様

④高等学校の③と同様

⑤高等学校の④と同様

⑥高等学校の⑤と同様

⑦アレルギー疾患などに対応できるよう、シャワー等の設備を設置できるように計画することも有効である。

　学校設置整備指針の中には幼稚園はありません。ある幼稚園の保健室は、職員室の奥に位置していました。そのうえ保健室は教職員の女子更衣室も兼ねていましたので、部屋の中は背の高いロッカーに囲まれていて、北側で暗く、テーブルやいす、事務机も置くスペースがありません。また、保育室から遠い、専用の出入り口がない、子どもの姿が見えないなど保健室は子どもにとって遠い存在にありました。

　そこで、この幼稚園の養護教諭は、普段は幼児が来やすいよう職員室のテラスにベンチを置いて応急処置をしていました。屋外の保健室です。そこにあるのはベンチと「ほけんしつ」という看板・救急箱・ティッシュ・ゴミ箱・子ども用のいすだけ。しかし、養護教諭はベンチの保健室から、園庭や保育室が見えるので、幼児がどのように遊んでいるのか、安全に遊んでいるのかを見やすい環境にあります。また、保育者にとっても、誰が保健室のベンチにいるのか見えるので、保健室にいる幼児に言葉を掛けやすく、幼児にとっても保健室がどこからでも見える位置にあるので、来やすく、また手当てが終わった後も遊びに戻りやすいようでした。

　このような環境にあるためか、たくさんの幼児が保健室を訪れ、養護教諭と関わっていました。登園後、幼児は保育室で通園かばんをロッカーに収め、出席ノートにシールを貼ったり、担任の先生とあいさつしたり、それぞれ朝の支度を終えると、すぐに自分の好きな遊びを始めます。保健室にはけがをした時だけでなく、楽しかったことの報告に来たり、作った作品を褒めてもらいに来たり、遊びがつまらなくなった時、寂しい時、困った時など1日にたくさんの幼児がやってきました。

Q10 事例20から、幼稚園の保健室の役割と養護教諭の役割を考えていきましょう。

事例20　新学期　友達づくりがうまくできない幼児

対象児：B女〔4歳、進級児〕

　4月。B女は、35名の4歳児クラスに進級した。3歳児クラスから進級したのは9名で、その他26名は4歳から入園した園児であった。5月中旬までは、3歳児クラスから進級した友達と一緒に遊んでいた。みんな新しい友達ができている中、B女はうまく友達作りができない様子だった。

　5月中旬、養護教諭が園内を巡視していると、保育室ではB女が「お母さんに会いたい」、「おうちにかえりたい」と言って泣いている姿が見られた。担任、学年補助の先生との情報交換では、友達がいなくて一人で遊んでいることが原因ではないかと聞く。5月中旬ごろから、けがで保健室に来室することがあったが、6月になると1日に3回くらい、毎日保健室に来るようになる。本当にけがをしている場合もあるが、ただ「ここ痛い」と痛い場所を指で指して、訴える様子も見られた。

　養護教諭としても、担任の先生方と同様に、新しい友達とかかわりをもっと広げていけたら、楽しく遊べて、保健室に来る回数も減るのではないかと考え、支援を始める。

6月　好きな遊びのときに保健室に来室

B女の姿	養護教諭	アセスメント
B女：「ここ！　いたい」と手の小さな傷を見せる。	「ここが痛いの？」と聞きながら、うっすら傷はあるが、特に何もなっていない手を消毒する。	いつものように、悲しそうな顔をしてきたな。
手当てが終わった後も、ベンチに座っている。同じクラスのC男（新入園児）が、靴箱の辺りで座っているのという話を聞く。	一緒にベンチに座る。	保健室から去ろうとしないな。どうしようかな。横に一緒に座って様子を見よう。

	「どうしたんだろうね。一緒に見に行ってみようか」と提案する。	B女と一緒に、見に行けば気分も変わるかな。
養護教諭とC男を見に行く。		
C男：「お母さんがいない」落ち込んでいる。 B女はC男の様子を見ている。 B女とC男は養護教諭と手をつなぎ、移動して保健室のベンチに座る。	「C君、一緒に保健室に行こうか」 B女とC男と3人で手をつなぎ、保健室のベンチに座らせる。 何かC男に話しかけようとするが、次々とけが人が来てできない。	C男とB女をかかわらせたいな。 どうやったらよいだろうか。
手当ての様子をB女とC男は見ている。		
けが人が保健室からいなくなると、C男は保健室を去る。	一人でC男は行ってしまい、残ったB女と「C男君どうしたのかな？　どこにいったのかな？」と話す。	
C男が戻ってきて：「ちょっと来て、いいもの見せてあげる」と養護教諭の手を引っ張る。 B女、保育室に走って戻る。 B女が、園庭に行く準備をして保健室に来る。 B女もC男の前回りを見る。	「いいものってなんだろう」 「B女も帽子をかぶって、外靴をはいて、一緒に行こう」 C男に引っ張られて園庭の鉄棒まで行く。鉄棒で前回りを見せてくれる。 「すごいねー、上手だね」 しかし、すぐに、けが人の姿が見えたので、「先生は、保健室にけがの人がきたから、戻らなくっちゃ」と話し、B女とC男と一緒に保健室に戻る。	B女が保健室に一人残ってしまってはいけないと思い、上靴だったB女に外に行く支度をしてくるよう言葉を掛ける。 この調子で2人とじっくり関わりたいが、けが人が優先になるので難しい。
保健室のけが人を見ただけで、C男は、また一人で、粘土山の方に走って行ってしまう。 B女「大丈夫そうだね」	残ったB女と「C男くん大丈夫そうだね」と話す。	自分の思った通りに動くC男とのんびりしたB女をかかわらせるのは無理だった。

養護教諭とプールを見に行く。	「プールもうすぐだね」、「ペンキ塗ってもらったんだよ」と話しながらプールの方へ誘う。	次は、園庭で散歩でもしながら友達づくりのきっかけをみつけていこう。
B女「ここに入れるの？」などと言いながら、ブランコの方に向かい、ブランコに乗る。		
D女も来て、一緒にブランコに乗る。	そこにうろうろしている同じクラスのD女（新入園児）と養護教諭の目が合う。	新入園児のD女も一人でいたのか。
B女：「うちのお兄ちゃんいじわる」	「Sちゃんお兄ちゃんいるんだよね。Dちゃんのうちにもいるんだよね」	B女とD女が友達になるチャンスだと思い、二人に共通した話題を出す。
D女：「いじわる」	「Dちゃんのうちは？」	
D女：「うん」	「おんなじだね。お兄ちゃんはいじわるなんだ。Sちゃんのうちには二人お兄ちゃんがいてDちゃんのうちには一人だよね。でも赤ちゃんもいるんだよね」	
二人はブランコから降りて、B女はD女の手をつなぐ。 B女：「でも赤ちゃんはいじわるじゃないんでしょ？」とD女の顔をのぞきながら聞いている。 D女：「うん」		
D女と手をつないだまま、養護教諭に背を向けて、粘土山に行ってしまう。		もう仲介役の養護教諭は必要なくなった。
その後、二人でままごと遊びをしている様子が見られた。		

養護教諭が、Ｂ女に向かい合って話し掛けると、Ｂ女は一生懸命いろいろな話をにこにこして話すので、何かきっかけさえつくってあげれば、新しい友達とも一緒に遊べる気がしていた。そこで、養護教諭の知っている共通の話題を出し、二人を近づけるきっかけを作っていった。

その後、Ｂ女は徐々に一人ではなく、友達と一緒に保健室に来ることが多くなり、次第に来る回数も減っていった。内容も幼稚園での遊びの成果や、友達と仲の良いところを教えるなどになっていった。

出所：事例19に同じ。pp.64-65。

Ｅ女は、保健室から無理に学級の集まりに行かせると、保育室の中に入らず、園庭、靴箱、遊戯室に一人でおり、一緒に納得するまでそばにいなければいけないのだろうと感じた。しかし、9月は来室者が多く、じっくり対応できない状況が続いた。このまま保健室のベンチにいて良いのか？　距離をとって接したほうが良いのか？　お集まりにはどうしたら参加できるのか？　と日々悩んでいたが、担任、学年補助の先生に保健室に迎えに来てもらうと、保育室に入ることができたので、頻繁に保健室に様子を見に来てもらうようお願いする。その後、教育実習生が実習を終え、運動会も終わるとＥ女も落ち着き、集まりに参加できるようになった。

Q11 事例20で登場する子どもたちのSOSのサインはどのようなものがありましたか？

幼稚園の養護教諭が気になる子どもの姿は、好きな遊びを始めるとすぐに保健室に来る幼児や、遊びが見つからず、ふらふらと歩いている幼児、子ども同士の遊びから抜けて、保健室に来る幼児、手当てした後も保健室のベンチからなかなか腰があがらない幼児などである。

このような幼児は、養護教諭の「ちょっとベンチで休憩していく？」という言葉に「うん」とうなずきほっとした様子を見せる。通常は、養護教諭と話をしたり、園庭で遊ぶ他の幼児を見たりしているうちに、いつもの調子に戻り、友達のところに戻っていくことができるようである。幼稚園では、好きな遊びが一番大切な学習の場面である。幼児は安定した情緒の下で自分を十分に発揮することにより、発達に必要な体験を得てほしい。このため、養護教諭は幼児が主体的な活動をできるように促し、一人一人が日々、好きな遊びが展開できるようになるまで焦らず接していきたい。

さらに、事例20では新学期の状態を記録した。新学期や長期休み明けは、環境の変化に適応するまで時間がかかる幼児が保健室に来ることも多い。気分が乗らない日、また気分良く遊んでいても、疲れてくると、保健室に休みに来ることがある。担任と落ち着くまで保健室のベンチで休憩することを確認し、今日遊んだことなどを養護教諭と話しながら過ごす。本人が落ち着いて、学級も静かな雰囲気になった頃を見計らって、保育室入室を促していく。このような手立てをすることで、幼児が園生活に慣れていけたらと思う。

　幼稚園の保健室は、小さな擦り傷や、軽い打撲がほとんどですが、お片づけの時になると、サボりが目的で来る子、友達と同じように手当てしてもらいたくて来る子など、対応に困る場面も多々あります。しかし、保健室のベンチに座って、空や木、園庭の花を見ながら、幼児と話をすることが大好きだなと思いながら過ごしていました。じっくり、ゆっくり手当てをして、話を聴くことで、幼児が気持ちを立て直して、幼稚園で楽しく遊ぶことができるように援助していきたいと思います。また、幼稚園の生活が将来の人生の土台となるように、幼児が明るく伸び伸びと行動し、充実感を味わい、先生や友達と触れ合い、安定感をもって行動することで、しなやかな心と体を育んでほしいと願っています。

Q12　幼稚園の保健室は屋外のベンチでしたが、保健室としての機能は通常の保健室と比べてどうだったでしょうか。

　幼稚園には幼稚園児に合った保健室、小学校には小学生に合った保健室とそれぞれの学校や子どもの姿で異なる可能性があります。養護教諭が関われない時でも、偶然、保健室で出会った全く知らない幼児同士が、学年を超えて関わり合ってよい方向に向かうこともあり、保健室という空間の魅力を感じます。子どもたちが保健室を利用して、養護教諭や仲間と関わることにより、気持ちが落ち着き、前向きな一歩が踏み出せるようにしていきたいものです。

Q13　みなさんの理想の保健室はどのような保健室ですか？

　今までみなさんが利用したことのある保健室や、養護入門の受講生が考えた理想の保健室（図2）の例を参考にしながら、自分なりの保健室を考えてみましょう。

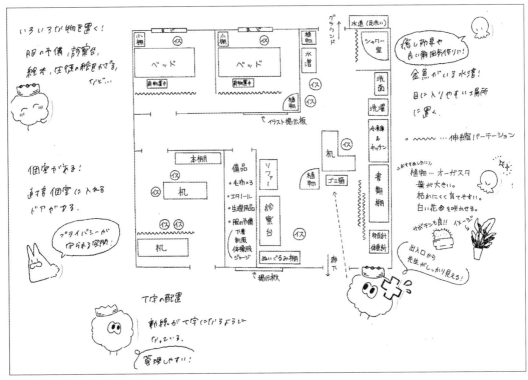

図2　養護入門の受講生が考えた理想の保健室

Q14 そこにいる養護教諭はどのようなイメージでしょうか。想像して描いてみましょう。

第4章　まとめ

1）子どもが主人公の教育

　子どもたちが年代と共にどのように変化していこうと、子どもの言葉にじっくりと耳を傾け、子どもの様子をプロフェッショナルな眼で観察し、彼らを理解するために彼らの情報をできるだけ多く集めると、彼らが確かなエネルギーを持っていることが分かるはずです。そして、その子どもたちが主人公となるように、子どもを主体とした教育を私たちは目指す必要があるのです。そのためには、私たち自身、サポートする側が、自分の価値観・人生観を磨く必要があります。そして、教育者として自身の「教育観」を持ち、児童・生徒たちを「どのような人間に育て上げたいのか」を明確にしなければなりません。その上で、児童・生徒たちが「どのような力」をつければ、そのような人間になることができるのかを考える必要があります。

2）教育観を発見するには

　自分自身の固有の教育観を持つための近道は、まず、自分自身を振り返ることです。自分がどのように「生きてきたのか」、または「どのように生きたいのか」を考えてみてください。

　"自分がどのような人間なのか"を考えると、何か誇れることが見出せるはずです。それは、自分の教え子たちにもそのようになってほしいと願えるものであるはずです。それはすなわち、自分の価値観でもあり、人生観でもあるのです。大学生たちは、「まだ、よく分からない」と答えます。それは考えようが足りないか、考えていないのです。分からないのならば、4年間をかけて多くの視点から自分を見つめ直し、自分を作り上げていってください。それは大学での学修のみから得られるものではありません。どうすれば得られるのかも考えてみてください。養護教諭としての専門的な知識やスキルも大切ですが、それはあくまでも枝葉でしかありません。"自分"という人間の幹になる部分、土台となる部分

を4年間でしっかりと固めてください。ただしそれは、4年間で出来上がるものではなく、生涯をかけて太らせていくものです。誰か他の人の考えをそのまま取ってきても、それはあなたのものとはなりません。自分で考えていくことのプロセスを辿ることこそが、自身の教育観を獲得するために不可欠な条件です。

　学生たちは、「児童・生徒に自分の考えを押し付けたくありません」とよく口にします。"押し付けたくない"考えとは、次元の低いレベルで発生している事柄のものです。私の言う「考え」とは、何か決断を下す時に「すべての決断の根幹となる価値観」です。あなたの生き方の"土台になっている考え方"のことです。あなたがその「根幹となる価値観」を子どもたちに示さなくてどのような教育を展開していけるでしょうか？　そのような点から、あなたの4年間が大事になってくるのです。

3）SOAPと養護教諭の専門性

　本論で述べたように、SOAPの記録法を使用し、的確なアセスメントを行うことこそが養護教諭の専門性だと筆者は考えています。アセスメントで、専門機関につなぐ必要があると判断した場合は専門機関へ任せつつ、学校での対応を考えればよいでしょう。しかし、事例で見てきたように、特に中学生時代は、誰しもが自分と葛藤しながら時を過ごします。この時こそ、人格を育てる健康教育が生きてきます。それにはまず、記録を残すことです。事実であるS（主観的データ）とO（客観的データ）を詳細に書き留めることから始めましょう。そして、アセスメントをすることです。SとOが不十分であると、的確なアセスメントはできません。

　私たちの専門性は、「子どもを理解するためのあらゆる情報（SとO）を収集し、それらのことから考えられることを医学的、心理学的、教育的な3つの側面からアセスメント（A）し、その子どもに合ったオーダーメイドの解決策（P）を立て、その解決策を子どもが実行していけるよう支援する」ことなのです。

　私たち養護教諭は、専門的なすべての仕事を通して、児童・生徒に望む「育てたい人間像」に彼らがなるために、「子どもたちがつけるべき力」を付けさせていく教育を行う必要があり、事例のように健康相談を通じても、それを行うことができるのです。

　健康相談は、養護教諭の専門性を生かしながら、子どもたちに人格的教育を行う最良の場となります。そして、教室の中で学習している時とは異なった視点で捉えられる貴重な機会でもあります。養護教諭を目指すにあたってはこのことを認識し、未来を築いていく

有望な子どもたちを支え、育てていきたいものです。

参考文献

石田一宏（1999）『思春期を生きる力』大月書店

石田一宏（1998）『キレる子キレない子』大月書店

京都教職員組合養護教員部編（1988）『田中昌人講演記録子どもの発達と健康教育①』かもがわ出版

京都教職員組合養護教員部編（1988）『田中昌人講演記録子どもの発達と健康教育②』かもがわ出版

京都教職員組合養護教員部編（1988）『田中昌人講演記録子どもの発達と健康教育③』かもがわ出版

京都教職員組合養護教員部編（1993）『思春期つてなにいろ保健室からの報告』文理閣

白井利明編（2006）『よくわかる青年心理学』ミネルヴァ書房

全国養護教諭サークル協議会編（2005）『保健室特集からだと心の変化、この二十年』農山漁村文化協会

高垣忠一郎（1991）『登校拒否・不登校をめぐって』青木書店

高垣忠一郎（2002）『共に待つ心たち登校拒否・ひきこもりを語る』かもがわ出版

高垣忠一郎（2004）『生きることと自己肯定感』新日本出版社

高垣忠一郎（1998）『揺れる子どもの心と発達』かもがわ出版

高垣忠一郎（2007）『揺れつ戻りつ思春期の峠』新日本出版社

高垣忠一郎（2008）『競争社会に向き合う自己肯定感』新日本出版社

田中昌人・田中杉恵（1981）『子どもの発達と診断1乳児期前半』大月書店

田中昌人・田中杉恵（1982）『子どもの発達と診断2乳児期後半』大月書店

田中昌人・田中杉恵（1984）『子どもの発達と診断3幼児期Ⅰ』大月書店

田中昌人・田中杉恵（1986）『子どもの発達と診断4幼児期Ⅱ』大月書店

出中昌人・田中杉恵（1988）『子どもの発達と診断5幼児期Ⅲ』大月書店

中西新太郎（2001）『思春期の危機を生きる子どもたち』はるか書房

中西新太郎（1997）『子どもたちのサブカルチャー大研究』旬報社

中西新太郎（2001）『若者たちに何が起こっているのか』花家社

中西新太郎（2009）『生きづらさの時代の保育哲学』ひとなる書房

中西新太郎（2012）『問題としての青少年』大月書店

日本子どもを守る会編（1984）『子ども白書』草土文化

日本子どもを守る会編（1986）『子ども白書』草土文化

日本子どもを守る会編（1990）『子ども白書』草土文化

日本子どもを守る会編（1995）『子ども白書』草土文化

日本子どもを守る会編（2000）『子ども白書』草土文化

日本子どもを守る会編（2005）『子ども白書』草土文化

日本子どもを守る会編（2010）『子ども白書』草土文化

日本子どもを守る会編（2015）『子ども白書』本の泉社

本田和子（1992）『異文化としての子ども』ちくま学芸文庫

本田和子（1999）『変貌する子ども世界』中公新書

本間和子（2000）『子ども100年のエポック』フレーベル館

無藤隆・岡本裕子・大坪治彦編（2009）『よくわかる発達心理学』ミネルヴァ書房

宮城教育大学附属幼稚園（2005）『宮城教育大学附属幼稚園研究紀要　第49集一人一人の育つ力を支える
　　保育をめざしてⅢ　—幼児理解と保育カンファレンスの深まりを求めて—』

おわりに

　子どもたちを一人前の人格の備わった人間に育て上げるには、彼らに関わる人々が豊かな視点で子どもを捉え、ひとり一人を異なる人として、より深く理解することが基本にあります。そのうえで子どもたちを一定の範囲に縛らず、子ども自身がのびのびと思考をめぐらし行動できる環境を作る必要があります。このような親や先生、養護教諭に出会えた子どもたちは、大きく豊かに自身が望むままに成長していくことができます。

　子どもたちをより広く深く理解できる養護教諭を育成するために、大学での養護教諭養成に携わって15年が過ぎました。今回、この本の事例を記述してくれた6名の関西福祉科学大学・健康福祉学部・健康科学科の卒業生たちは、養護教諭歴5〜8年の方々です。現役の先輩たちの事例をもとに、自分ならばどうするかを考え、学びを深めることは学生にとっては大変貴重なこととなります。そこから何が大切か、何を発見するのか、何を視点として捉えるのか、最も大事な支点をどこに定めどのように判断するのか、等々思考を高められます。

　この本の発行を機に、卒業生が現場での子どもたちへの対応を事例集として毎年、もしくは数年に一度、作成することができ、それをもとに学生が学びを深めることができれば素晴らしいことです。

　最後に、本書出版にあたり、イラストを描いてくれた野口真瑚さん、多大なる協力を頂きました翔雲社の溝上淳子様に感謝申し上げます。

　　2024年7月　　　　　　　　　　　　　　　　　　　　　野口　法子

◆ 編著者

野口 法子（のぐち のりこ）

関西福祉科学大学健康福祉学部健康科学科　教授
1981 年　京都市立看護短期大学卒業
1984 年 3 月　岡山大学教育学部養護教諭特別別科卒業
1984 年 4 月〜 2005 年 3 月　京都市立中学校勤務
2005 年 4 月〜 2009 年 3 月　京都市立小学校勤務
2009 年 3 月　滋賀大学大学院障害児教育専攻卒業
2009 年 4 月〜関西福祉科学大学にて現在に至る

◆ 著　者

加藤 直子　　（関西女子短期大学　准教授）　＜第2章　事例 17 ＞
久保 加代子　（関西女子短期大学　教授）　　＜第2章　事例 18 ＞
山本 訓子　　（関西福祉科学大学　准教授）　＜第3章　事例 19・20 ＞

＜第2章　事例＞

石田 彩絵　　（大阪市養護教諭）
井上 麻衣　　（大阪市養護教諭）
江熊 萌子　　（北海道養護教諭）
原 彩加　　　（大阪市養護教諭）
森園 玲　　　（大阪市養護教諭）
森本 知喜　　（和歌山県養護教諭）

◆ 本文イラスト

野口 真瑚（のぐち まこ）

2020 年 3 月　大阪音楽大学声楽科卒業
2022 年 3 月　大阪音楽大学大学院声楽科修了
2022 年 4 月〜新国立劇場オペラ研修所研修生にて現在に至る

人格を育てるための健康相談　part2　——事例を通して—— 考える編

2024 年 7 月 22 日　初版第 1 刷発行

編著者　野口 法子
発行者　池田 勝也
発行所　株式会社翔雲社
　　　　〒 252-0333　神奈川県相模原市南区東大沼 2-21-4
　　　　TEL　042-765-6463　　　　FAX　042-765-6464
　　　　振替口座　00960-5-165501
　　　　https://www.shounsha.co.jp/
発売元　株式会社星雲社（共同出版社・流通責任出版社）
　　　　〒 112-0005　東京都文京区水道 1-3-30
　　　　TEL　03-3868-3275　　　　FAX　03-3868-6588
印刷・製本　株式会社丸井工文社